KB100819

증여세·상속세
절세 성공법칙

돈벼락과 %↓ ↓ 날벼락 사이

증여세

공찬규(유튜버 '공셈TV') 지음

상속세

절세 성공법칙

BM 황금부엉이

차례

PART 1

입증해야 진짜 내 돈, 증여세

PART 2

닥치면 늦는다,
상속세

PART 1

입증해야 진짜 내 돈, 증여세

증여세

'증여'는 대가 없이 무상으로 재산을 받는 것을 말합니다. 아무런 대가 없이 증여자가 수증자에게 무상으로 재산을 이전해 주는 것이라 대부분 부모 자식 관계에서 일어납니다. 최근 부동산 시장이 급등하면서 자녀의 힘만으로는 도저히 내 집 마련을 할 수 없게 되었습니다. 결국 결혼해 독립하는 자녀들이 주택을 취득할 때 부모님에게 일정 부분 도움을 받을 수밖에 없습니다. 국세청도 이런 사실을 알고 있어서 사회초년생인 자녀들이 주택을 취득할 때 주택취득자금 출처와 관련된 증여세 조사를 많이 하고 있습니다. 부자들이 주 대상이었던 증여세가 최근 평범한 사람들의 관심을 받게 된 배경이 바로 이것입니다. 증여세는 부동산 세금과 달리 내용이 많지 않고 이해하기도 쉬운 세금입니다. 우리 실생활과 가장 밀접하니 실제 사례들을 위주로 공부해 두면 다른 세금과 달리 쉽게 이해할 수 있을 것입니다.

과세대상 - 실질과세원칙

증여세를 알려면 실질과세원칙을 이해해야 합니다. '실질과세'란 어떠한 행위나 형식과 관계없이 경제적 실질 내용에 따라 세금을 과세한다는 의미입니다. 겉으로는 증여받은 재산이 없더라도 경제적 실질로 이익을 봤다면 증여세를 과세할 수 있습니다. 대표적인 것이 부모 재산을 무상으로 사용함으로써 받은 이익에 대해 증여세를 과세하는 경우입니다. 부모 재산을 담보로 대출받거나 부모 명의 부동산을 무상으로 사용하는 경우, 실제로 증여받은 재산은 없어도 경제적인 이득이 생기기 때문에 증여세가 부과됩니다. 즉 실질적으로 경제적인 이득이 있다면 증여세법에 규정되어 있지 않은 형태라도 증여세를 과세할 수 있습니다. 이것을 '증여세 완전포괄주의'라고 부릅니다.

증여세가 과세되지 않는 재산 - 생활비, 교육비

재산의 종류와 형태를 떠나서 무상으로 증여받는 모든 재산에는 증여세가 과세됩니다. 그러나 증여세가 과세되지 않는 예외도 있습니다. 먼저 부양의무가 있는 가족에게 주는 생활비, 교육비 등입니다. 부모가 소득이 없는 자녀의 생활비와 교육비를 부담하는 것은 당연한 일입니다. 여기에 증여세를 과세한다면 대한민국 전 국민이 증여세를 내야 하겠죠? 단, 그 대상은 부양의무가 있는 가족으로 한정되어 있습니다. 부양의무가 없는 가족에게 생활비를 지원하면 증여세가 과세됩니다. 예를 들어 할아버지가 손자의 유학비를 부담하면 증여세가 과세됩니다. 원칙적으로 자녀의 부양의무는 부모에게 있고, 부모가 자녀를 부양할 능력이 있다면 조부모는 부양의무가 없기 때문입니다. 부모가 소득이 없어서 자녀를 부양할 능력이 없다면 조부모에게 부양의무가 생기고, 이 경우 손자에게 지급하는 유학비에는 증여세가 과세되지 않습니다.

생활비, 교육비에 증여세가 과세되는 일도 있습니다. 증여세는 명목보다 실질이 중요하다고 했죠? 생활비, 교육비는 비용이므로 목적에 맞게 돈을 지출해야 합니다. 생활비, 교육비로 돈을 받았는데, 목적에 맞게 사용하지 않고 일부라도 모아 자산으로 축적하면 증여세가 과세됩니다. 예를 들어 생활비를 받아서 주식이나 부동산을 취득하는 데 사용했다면 결국 자산취득을 위한 증여에 해당해 증여세가 과세됩니다.

자녀가 소득이 있는데도 부모가 생활비를 지원한다면 역시 증여세가 과세됩니다. 흔히 생활비는 증여세가 비과세되니 자녀에게 생활비를 전부 지원해 주고, 자녀가 버는 돈은 차곡차곡 저축해서 집 사는 데 보태면 증여세를 절세할 수 있다고 생각합니다. 실제로 생활비로 사용했으니 문제없다고 생각할 수 있습니다. 하지만 자녀에게 소득이 있다면 부모 도움 없이도 생활할 수 있습니다. 그런데도 부모가 생활비를 준다는 건 현금을 증여하는 것과 경제적 실질이 동일하므로 증여세가 과세됩니다.

증여세가 과세되지 않는 재산 – 축의금, 부의금

축의금, 부의금도 증여세가 과세되지 않습니다. 다만 모든 금액에 대해 전부 비과세가 되는 것은 아니며, 사회통념상 인정되는 범위 이내여야 합니다. 할아버지에게 결혼 축의금으로 10억을 받는다면 누가 봐도 과하죠. 이 정도 금액이라면 형식만 축의금일 뿐 실질적으로 증여에 해당해 증여세가 과세됩니다. '사회통념상 인정되는 금액'에 대한 명확한 기준이 없어서 어느 정도가 적절한 금액인지에 대해 논란이 많습니다. 2003년에 나온 판례에 따르면 외손자에게 준 축의금 400만 원은 사회통념상 인정되는 금액이라고 판결했습니다. 물가상승률을 고려하면 3천만 원 이하는 사회통념상 인정되는 금액 범위라고 볼 수 있으니 참고하세요.

축의금은 생활비, 교육비와 달리 자금의 목적이 정해져 있지 않습니다. 축의금으로 주식이나 부동산을 취득해도 증여세가 과세되지 않습니다. 그래서 축의금은 재산취득의 자금출처로 활용되기도 합니다. 국세청 자금출처 조사에서 축의금으로 재산을 취득했다고 주장하는 사람들이 있는데, 금액이 과하면 축의금 증거자료를 제출하라는 요청을 받을 수도 있습니다.

국세청은 기본적으로 축의금을 자녀가 아닌 부모 재산으로 봅니다. 결혼식은 결혼하는 자녀가 주인공이지만, 부모도 주인공이라 지인들에게 축의금을 받습니다. 자녀가 친척이나 지인에게 받은 축의금은 자녀의 재산에 해당하며 증여세도 과세되지 않습니다. 하지만 부모가 받은 축의금은 자녀가 아닌 부모의 재산에 해당합니다. 만약 부모가 받은 축의금까지 전부 자녀에게 준다면 이는 증여입니다. 자녀보다 부모의 사회생활 기간이 오래되었으니 당연히 지인도 더 많을 것이고, 이에 따라 축의금 대부분은 부모의 손님들에게 들어오는 것이 일반적입니다. 국세청도 이러한 사실을 알기 때문에 축의금을 부모 소유라고 추정하는 것입니다.

현실적으로 축의금은 대부분 현금이라 누가 누구에게 얼마나 줬는지 명확하게 가려내는 것이 매우 어렵습니다. 축의금을 누구에게 받았는지 입증하지 못하면 자녀의 지인들에게 받은 축의금에까지 증여세가 과세될 수 있습니다. 자녀가 받은 축의금만이라도 명확히 소명하려면 방명록에 이름, 금액 등을 기재해 놓는 것이 좋습니다.

증여세 계산하기

증여세 계산구조는 복잡하지 않습니다. 몇 가지 내용만 이해하면 일반납세자도 쉽게 증여세를 계산할 수 있습니다. 당연한 사실이지만 증여세는 증여자가 아니라 증여받는 수증자가 신고·납부해야 합니다. 증여세를 계산할 때는 증여자에 따라서 증여공제금액도 달라지고, 10년 이내에 동일인에게 증여받은 재산을 전부 합산하기 때문에 증여자가 누구인지가 매우 중요합니다. 증여공제는 배우자, 직계존비속, 기타친족 3가지 증여그룹으로 나눠서 적용되며, 누구에게 증여받든 각 그룹의 증여공제금액은 10년 동안 딱 1번만 적용됩니다. 증여공제금액을 적용했다면 10년이 지나야 다시 적용받을 수 있습니다. 가령 이모에게 증여받을 때 1천만 원 증여공제를 적용했다면, 고모에게 증여받을 때는 증여공제가 적용되지 않습니다. 하지만 이모에게 1천만 원, 부모에게 5천만 원을 증여받았다면, 증여그룹이 다르므로 각각 1천만 원, 5천만 원씩 증여공제를 받을 수 있습니다.

분산증여 - 증여세 절세의 기본

증여세는 증여자마다 증여세를 따로 계산하므로 같은 금액의 재산을 증여받더라도 여러 사람에게 증여받을수록 절세할 수 있습니다. 증여공제가 없다고 가정하고 이모에게 2억을 증여받으면 증여세율 20%가 적용되고, 증여세는 3천만 원이 나옵니다. 하지만 이모와 고모에게서 각각 1억씩 증여받으면 각각 증여세율 10%가 적용되고, 증여세는 2천만 원이 나옵니다. 증여세율은 소득세율에 비해 낮은 편입니다. 1억까지는 세율이 10%에 불과하니 이 10% 세율구간을 잘 활용해 여러 사람에게 증여받으면 쉽게 절세할 수 있습니다. 또 가족이 여러 명이라면 혼자 증여받기보다는 여러 사람으로 분산해서 받는 것이 좋습니다. 예를 들어 2억을 혼자 증여받으면 증여세율 20%가 적용되어 증여세 3천만 원이 나오지만, 배우자와 나눠서 1억씩 증여받으면 증여세율 10%가 적용되어 증여세는 2천만 원으로 줄어들게 됩니다. 최대한 여러 사람에게 여러 명으로 분산해 증여받으면 절세할 수 있다는 걸 기억하세요.

하지만 동일인에게 여러 번 증여받으면 증여세가 추가되니 주의가 필요합니다. 10년 이내에 동일인에게 증여받은 재산을 합산하기 때문에 한 번에 2억을 증여받든, 두 차례로 나눠서 1억씩 증여받든 증여세는 동일합니다. 증여자가 직계존속인 경우 그 직계존속의 배우자를 포함해 동일인으로 봅니다. 즉 어머니와 아버지는 동일인이죠. 그래서 어머니에게 1억, 아버지에게 1억씩 각각 증여받아도 2명이 아니라 1명에게 증여받은 것으로 계산됩니다. 할아버지와 할머니도 마찬가지입니다.

이때 아버지와 할아버지는 동일인에 해당하지 않습니다. 증여공제가 없다고 가정하고 아버지에게 1억, 할아버지에게 1억씩 나눠서 증여받으면 각각 증여세를 계산해 아버지 1천만 원, 할아버지 1,300만 원(세대생략 가산액 30% 적용)으로 총증여세는 2,300만 원이 나올 것입니다. 할아버지 → 아버지 → 손자에게 재산이 이전되면 2번의 증여세를 내야 하는데, 할아버지 → 손자에게 바로 증여하면 중간 한 단계가 생략됩니다. 이렇게 중간단계를 생략해 증여세 부담을 줄이는 행위를 방지하기 위해 조부모에게 증여받으면 30%의 세금을 더 가산합니다. 다만 아버지가 사망해 어쩔 수 없이 세대를 생략해야 하는 경우라면 가산액 30%는 적용되지 않습니다.

연부연납제도 – 증여세가 부담스럽다면 5년간 나눠 낼 수 있다

증여세는 증여받은 날이 속하는 달의 말일로부터 3개월 이내에 신고·납부해야 합니다. 신고기한 내에 신고하면 증여세 3%를 공제받을 수 있습니다. 납부해야 할 증여세가 부담스럽다면 최대 5년 동안 나눠 내는 연부연납제도를 활용하는 것이 좋습니다. 연부연납을 신청하려면 증여세 납부세액이 2천만 원을 초과해야 하고, 1회 납부금액이 최소 1천만 원은 초과해야 합니다. 납부할 증여세가 6천만 원 이상이라면 5년 동안 1년에 1회씩 총 6회에 걸쳐 나눠 낼 수 있습니다. 원래 납부기한보다 늦게 내는 만큼 이자가 붙지만, 연 이자율은 1.2%로 저렴한 편입니다. 이자뿐만 아니라 관할세무서에 담보물건도 제공해야 합니다. 담보는 납세보증보험을 활용하는 것이 편리합니다.

 **증여세 세율표**

과세표준	세율	누진공제액
1억 원 이하	10%	0
5억 원 이하	20%	1천만 원
10억 원 이하	30%	6천만 원
30억 원 이하	40%	1억 6천만 원
30억 원 초과	50%	4억 6천만 원

 증여공제

관계	증여공제금액
배우자	6억 원
직계존비속	5,000만 원(미성년자 2,000만 원)
기타친족	1,000만 원

 증여세 계산 방법

구분	비고				
증여재산가액	직접 증여재산 + 증여추정 + 증여의제 합산 국내외 소재 모든 재산, 증여일 현재 시가 평가				
(−) 비과세 및 과세가액 불산입액	비과세: 사회통념상 인정되는 피부양자 생활비, 교육비 등 과세가액 불산입: 공익법인 등 출연한 재산 등				
(−) 채무액	증여재산에 담보된 채무(임대보증금, 금융기관 채무 등)				
(+) 증여재산가산액	증여일 전 동일인으로부터 10년 이내 증여받은 재산의 과세가액 합계액				
(=) 증여세 과세가액					
(−) 증여공제	증여재산 공제액(배우자 6억, 직계존속 5천만 원 등) 재해손실공제: 증여세 신고기한 이내에 재난 등으로 발생한 손실가액을 공제				
(−) 감정평가수수료	증여재산 시가 평가에 따르는 감정평가 수수료 등				
(−) 증여세 과세표준					
(×) 증여세 세율	과세표준	~1억 원	~5억 원	~10억 원	~30억 원	30억 원 초과
	세율	10%	20%	30%	40%	50%
	누진공제액	0	1천만 원	6천만 원	1억 6천만 원	4억 6천만 원
(=) 증여세 산출세액	증여세 과세표준에 세율을 곱한 금액				
(−) 세대생략할 증세액	수증자가 증여자의 자녀가 아닌 직계비속이면 30% 할증 (단, 미성년자가 20억 원을 초과해 증여받는 경우에는 40% 할증)				
(−) 세액공제 등	일반적인 경우 신고기한 내 신고 시 신고세액공제 3% 적용				
(+) 가산세 등	신고불성실, 납부지연가산세 등				
분납/연부연납	일정 요건 충족 시 분납이나 연부연납 가능				
(=) 자진납부할 증여세액	최종 납부할 증여세액을 의미함				

현금 증여

증여세는 납세자가 자진해서 신고해야 합니다. 부동산이나 주식처럼 등기되는 자산은 증여신고를 하지 않아도 국세청이 쉽게 파악할 수 있지만, 현금 증여는 파악하기 어렵습니다. 그래서 가족 간 현금 증여는 증여신고를 하지 않아도 아무 문제 없이 넘어가는 경우가 많습니다. 하지만 증여 시점에서는 그냥 넘어가도, 나중에 수증자가 다른 재산을 취득할 때 자금출처조사 과정에서 과거 증여내역이 적발될 수 있습니다. 뒤늦게 증여 사실이 적발되면 무신고가산세와 납부지연가산세까지 추가해 증여세가 과세됩니다. 만약 증여받은 현금으로 다른 재산을 취득할 계획이라면 자진해서 증여세를 신고하는 게 절세에 도움이 됩니다. 현금 증여는 신고 방법이 간단해서 납세자가 직접 신고해도 괜찮습니다. 국세청 홈택스 홈페이지에서 하면 되고, 증여신고 증빙서류는 가족관계증명서와 계좌이체내역만 첨부하면 됩니다. 계좌이체가 아닌 실물 현찰을 증여받는다면 증여받은 금액을 증빙하기가 어려우므로 증여자가 현찰을 본인 계좌로 입금한 후 수증자에게 계좌이체를 하는 것이 좋습니다.

가족 간 계좌이체

가족 간 현금거래는 기본적으로 증여로 추정하기 때문에 매우 주의해야 합니다. 가족 간 계좌이체내역이 증여가 아니라 다른 특별한 사정 때문이라면 이에 대한 입증책임은 납세자에게 있습니다. 예를 들어 아버지가 아들에게 생활용품을 대신 구매해 달라고 계좌이체를 했습니다. 이 현금은 당연히 아들이 증여받는 것이 아닙니다. 하지만 국세청은 가족 간 계좌이체는 일단 증여로 추정합니다. 증여가 아니라는 사실을 납세자가 입증하지 못하면 실제로 증여든 아니든 증여세를 내야 합니다. 문제는 증여가 아니라는 걸 명확하게 입증하는 게 현실적으로 쉽지 않다는 점입니다. 이런 문제를 방지하려면 계좌이체 시 받은 사람과 보내는 사람의 이체내역에 구체적인 메모를 남기는 게 좋습니다. 이체 메모에 '생활용품 구매'라고 적혀 있고, 실제로 생활용품을 구매한 사실을 영수증으로 입증한다면 증여세를 피할 수 있습니다. 이체 메모만으로는 증여가 아니라는 사실을 입증하기 부족할 수도 있으니 관련된 영수증 외 증빙서류도 잘 보관해야 합니다.

배우자 간 계좌이체

예외적으로 배우자 간 계좌이체는 국세청이 증여로 추정할 수 없습니다. 부부는 경제공동체라서 서로 간에 계좌이체가 빈번하게 이루어집니다. 부부 중 어느 한쪽이 자금관리를 위해 계좌이체를 하는 경우도 흔합니다. 배우자 간 계좌이체내역이 없는 부부는 사실상 없을 것입니다. 즉 배우자 간에는 증여 이외의 여러 사유로 계좌이체가 매우 흔해서 증여로 추정하지 않습니다. 증여로 추정할 수 없으니 증여세를 과세하려면 계좌이체내역이 증여라는 사실을 국세청이 먼저 입증해야 합니다. 소득이 없는 배우자가 증여공제금액 6억을 초과해 재산을 취득하지만 않는다면 배우자 간 증여세 문제는 발생하지 않으니 편하게 계좌이체를 해도 괜찮습니다.

차용증 제대로 쓰는 방법 - 이자지급내역, 이자소득세

최근 부동산 자금출처조사가 심해지자 현금 증여에 관한 관심이 높아졌습니다. 가족에게 자금을 조달할 때 증여세를 전부 내고 부동산을 취득하면 아무 문제 없다는 건 모든 납세자가 다 알고 있습니다. 하지만 증여세가 너무 많이 나오죠. 그래서 급부상하게 된 방법이 바로 '차용증'입니다. 가족에게 자금을 증여받은 것이 아니라 빌린 것으로 하면 증여세가 나오지 않으니까요. 가족 간 계좌이체는 증여로 추정하기 때문에, 이를 차용으로 인정받으려면 그 사실을 납세자가 입증해야 합니다. 국세청은 원칙적으로 배우자 및 직계존비속 간 금전차용을 인정하지 않으니 철저한 준비가 필요합니다. 차용이라는 사실을 입증하려면 차용증과 원리금 상환내역은 필수입니다. 차용증 양식은 따로 없지만 차용일자, 차용금액, 차용기간, 원리금 상환 방법 등이 반드시 기재되어 있어야 합니다.

가족 간 차용 시 대부분 차용증은 잘 작성합니다. 하지만 차용증 작성보다 더 중요한 것이 '이자지급내역'입니다. 차용증을 작성했어도 이자지급내역이 없으면 차용으로 인정받지 못합니다. 반면에 작성한 차용증이 없더라도 이자지급내역만 있으면 인정받을 수 있습니다. 은행에서 금전을 빌리면 이자를 지급해야 합니다. 은행이 아닌 가족에게 이자 없이 차용하면 이자비용을 아낄 수 있어 좋죠. 하지만 세법에서는 이자비용을 아껴서 혜택을 보는 것도 증여로 봅니다. 그래서 차용원금을 잘 상환해도 적절한 이자를 지급하지 않으면 증여세가 나올 수 있습니다. 세법에서 정한 법정이자율은 4.6%입니다.

예를 들어 가족에게 1년 동안 이자를 한 푼도 지급하지 않고 5억 원을 차용한 후 상환하면 증여세가 얼마나 나올까요? 국세청은 5억 원×4.6%=2,300만 원을 증여받은 것으로 보고 증여세를 과세합니다. 증여세를 내고 싶지 않다면 실제로 이자를 지급하고 이자지급내역을 남겨야 합니다.

무이자 차용을 가능하게 만드는 방법
– 2억 1,700만 원 이하로 차용, 원금분할상환
차용증 활용 시 반드시 4.6% 이자율로 이자를 지급해야 하는 것은 아님니다. 법정이자율로 계산한 이자와 실제로 지급한 이자의 차이가 연간 1천만 원 이하라면 증여세가 과세되지 않습니다. 예를 들어 5억 원을 차용한 후 매달 2% 이자를 지급한다고 가정하겠습니다. 1년 총이자는 1,000만 원이고, 법정이자율 4.6%로 계산한 총이자는 2,300만 원입니다. 차이가 1,300만 원이죠? 이런 경우 1,300만 원에 대해 증여세가 과세됩니다. 반면 5억 원에 3%로 이자를 지급하면 1년 총이자는 1,500만 원입니다. 법정이자율 금액과의 차이가 연간 1천만 원 이하이므로 증여세가 과세되지 않습니다. 즉 금전 차용 금액×4.6%−1천만 원=최소 이자지급비용이 되는 것입니다.

예) 5억 차용, 법정이자율 4.6%일 때 1년 총이자 = 2,300만 원
상황 1) 2% 이자 지급 = 1,000만 원 → 법정이자와 1,300만 원 차이 증여세 과세
상황 2) 3% 이자 지급 = 1,300만 원 → 법정이자와 1,000만 원 차이 증여세 없음

이렇게 가족에게 이자를 지급하면 이자를 받은 가족은 이자소득이 발생한 것이므로 이자소득세를 납부해야 합니다. 금융기관이 이자를 지급할 때는 이자소득세율이 14%지만, 개인이 이자를 지급할 때는 무려 25%여서 이자소득세도 부담스럽습니다. 그런데 2억 1,700만 원 이하로 차용하면 법정이자율을 적용해도 이자가 1천만 원 이하라서 이자를 내지 않아도 증여세가 과세되지 않습니다. 이자 지급 없이 무이자로 차용할 수 있으니 이자소득세 걱정도 필요 없죠.

2억 1,700만 원 × 4.6% = 9,982,000원
→ 법정이자와 1,000만 원 차이가 나지 않음. 증여세 없음

하지만 이자지급내역 없이 차용증 하나로는 증빙이 부족할 수 있습니다. 이렇게 무이자로 차용할 때는 이자 지급 대신 원금을 나눠 상환하는 것이 좋습니다. 이자만 지급하면 원금을 상환할지 안 할지 확실하지 않지만, 매월 원금을 조금씩 상환하면 이미 원금을 상환하고 있으니 증여로 보기가 더 어렵습니다. 그래서 이자 지급보다 원금분할상환이 더 안전합니다. 매월 원금을 상환하면 나중에 원금상환 부담도 적어지고, 이자를 지급한 것이 아니므로 이자소득세도 발생하지 않는다는 장점도 있습니다. 가족 간 차용 시 되도록 2억 1,700만 원 이하로 차용하고, 무이자로 원금분할상환을 하는 방법을 강력하게 추천합니다.

차용증을 작성하고 매월 원리금을 상환한다고 국세청에서 무조건 차용으로 인정해 주는 것은 아닙니다. 판례에서는 가족 간 자금거래가 대여인지 증여인지 여부를 차용증 작성과 이자 지급 사실뿐만 아니라 채무자의 상환능력, 차용기간, 차용금액까지 고려해 판단하고 있습니다. 만약 소득이 없는 미성년자나 대학생이 부모에게 5억을 차용한다면 이자지급내역이 있더라도 증여로 볼 가능성이 매우 큽니다. 최소한 이자를 지급할 수 있는 일정 이상의 소득은 있어야 하는 것입니다. 차용기간이 너무 길어도 증여세를 추징당할 수 있습니다. 예를 들어 차용기간이 50년이라면 누가 봐도 현실적으로

차용금을 상환할 가능성이 없으므로 당연히 증여로 볼 것입니다. 가족 간 차용은 상식적인 범위 내에서 행해져야 합니다. 상식적인 선에서 채무자의 상환능력 대비 충분히 상환 가능성이 있는 차용금액과 차용기간이어야 증여세를 피할 수 있습니다.

[서식 예] 금전차용계약서

금 전 차 용 계 약 서

제1조(당사자) 채권자 ○○○(이하 "갑"이라고 함.)는 20○○년 ○월 ○일 금○○ ○원을 채무자○○○(이하 "을"이라고 함.)에게 대여하고 을은 이를 차용한다.

제2조(변제기) 차용금의 변제기한은 20○○년 ○월 ○일로 한다.

제3조(이자 및 지연손해금) ① 이자는 연 ○%의 비율로 한다.

② 원리금의 변제를 지체했을 때에는 을은 연 ○○%의 비율에 의한 지연손해금을 가산해서 지불해야 한다.

제4조(변제방법) 채무의 변제는 갑의 주소 또는 갑이 지정하는 지정장소에 지참 또는 송금해서 지불한다.

제5조(기한이익의 상실) 을이 다음 각호의 1에 해당하는 경우에 있어서는 갑으로부터 기한의 이익을 상실하고 채무전부를 즉시 변제하여야 한다.

1. 본 건 이자의 지불을 ○개월 분 이상 지체했을 때

2. 다른 채무 때문에 강제집행, 집행보전처분을 받거나, 파산 또는 경매의 신청이 있었을 때

3. 을이 주소를 변경하고, 그 사실을 갑에게 고지하지 않았을 때

갑과 을은 상기 계약을 증명하기 위하여 본 계약서 2통을 작성하고, 각자 서명 날인한 후 1통씩을 보관한다.

20○○년 ○월 ○일

채권자	주 소					
	성 명	인	주민등록번호	–	전 화 번 호	
채무자	주 소					
	성 명	인	주민등록번호	–	전 화 번 호	

대한법률구조공단(www.klac.or.kr)

창업자금 과세특례 제도 - 5억까지 증여세 없음!

창업을 준비 중인데 부모에게 창업자금을 받을 예정이라면 '창업자금 과세특례' 제도를 활용해 증여세 부담을 줄일 수 있습니다. 창업자금 과세특례란 자녀가 창업할 목적으로 부모(부모 사망 시 조부모)에게 창업자금을 증여받으면 증여세 과세가액에서 5억 원을 공제하고 10% 세율을 적용하는 것을 말합니다. 무려 5억까지 증여세 없이 받을 수 있는 거죠. 5억을 초과하는 부분도 세율이 10%밖에 되지 않기 때문에 일반증여에 비해 압도적으로 유리합니다. 파격적인 혜택을 주는 만큼 까다로운 조건을 모두 충족해야 합니다.

창업자금 증여세 과세특례 요건

1. 나이: 부모는 60세 이상, 자녀는 18세 이상
2. 창업대상 업종: 조세특례제한법 제6조 3항에서 열거하는 업종(제조업, 통신판매업, 물류산업, 음식점업, 정보통신업 등)
3. 증여금액 한도: 30억 원(직원 10명 이상 고용 시 50억)
4. 창업자금을 증여받은 자는 증여받은 날부터 2년 이내에 창업하고, 4년이 되는 날까지 창업자금을 모두 해당 목적에 사용할 것

위 요건 중 창업대상 업종인지를 판단하는 것이 가장 중요합니다. 부동산임대업은 이 특례가 적용되는 업종이 아닙니다. 법에서 열거하는 업종으로 창업해야 특례를 적용받을 수 있는데, 업종이 워낙 다양해서 판단이 쉽지 않습니다. 예를 들면 음식점은 창업업종에 해당하지만, 카페는 해당하지 않습니다. 또한 창업자금 과세특례는 창업 전에 미리 증여받아야 적용되며, 창업 후에는 적용되지 않으니 미리미리 증여 여부를 검토하는 것이 좋습니다.

부동산 증여

부동산 증여는 크게 2가지 장점이 있습니다. 첫 번째는 자녀에게 재산을 이전한다는 것이고, 두 번째는 부동산 세금을 절세할 수 있다는 것입니다. 다주택자의 양도세, 종부세가 크게 인상되자 자녀에게 주택을 증여하는 것이 절세전략으로 떠오르게 되었습니다. 부동산 증여를 잘 활용하면 세금도 줄이고 자녀에게 부를 이전하는 일거양득의 효과를 누릴 수 있습니다. 하지만 모든 경우에 증여가 유리한 것은 아닙니다. 오히려 주택을 증여하는 것이 세금 면에서 더 불리할 수도 있으니 유불리를 잘 따져봐야 합니다.

상속 및 증여 부동산 평가 시 시가 판단 기준		
원칙	시가	불특정다수인 간 자유롭게 거래가 이뤄지는 경우 성립된다고 인정되는 가액
1순위	시가	당해 재산의 매매가액 등(매매·감정·수용·경매·공매)
2순위	시가	유사매매사례가액(상속 증여 전 6(3)개월부터 신고일까지, 기준: 계약일
		평가기준일 전후 6월(증여재산은 전 6월, 후 3월) 이내의 기간 中
		평가기간 외의 매매가액 등 시가 적용 국세청평가심의위원회 자문 → 　① 평가기준일 전 2년 이내의 기간 中 　② 신고·납부기한 경과 후 조사결정기한 이내
3순위		보충적 평가 당해 재산의 공시가격 등 (예. 토지: 개별공시지가, 건물: 기준시가)
기타		임대보증금 + 1년간 임대료 / 12%, 당해 자산이 담보하는 채권액

부동산 증여는 시가 산정이 가장 중요!

　부동산을 증여할 때 가장 중요한 것은 부동산 시가입니다. 현금 증여와 달리 부동산 증여는 증여재산의 시가를 정확하게 산정하기가 어렵습니다. 매매거래는 당사자 간 거래가액을 정할 수 있지만, 증여할 때는 상속세 및 증여세법(이하 상증세법)에서 규정한 금액으로만 평가해야 합니다. 시장가를 충분히 반영하는 합리적인 금액이라고 생각해 인근 부동산사무실의 호가나 KB부동산시세를 증여가액으로 정할 수 없다는 뜻입니다. 상증세법에서는 부동산 증여 시 부동산 시가를 당해 재산의 매매가액 〉 유사매매사례가액 〉 보충적 평가액(공시가격) 순서로 적용합니다. 일반적으로 보충적 평가액 시가가 가장 낮게 책정되므로, 증여 시 보충적 평가액으로 신고하는 것이 유리합니다. 하지만 당해 재산의 매매가액이나 유사매매사례가액이 있다면 보충적 평가액으로 신고할 수 없습니다.

아파트 증여 - 감정평가금액이 유리

감정평가금액 '당해 재산의 매매가액'이란 증여하는 부동산의 매매, 감정, 수용, 경매, 공매가액을 의미합니다. 부동산 증여 시 감정평가금액을 많이 활용하는데, 이 감정평가금액이 당해 재산의 매매가액에 해당합니다. 감정평가금액을 활용해 증여하면 2가지 장점이 있습니다.

첫 번째는 시가의 안정성입니다. 유사매매사례가액을 시가로 사용하면 언제 새로운 매매사례가액이 생길지 모르니 불확실하죠. 아파트 증여 후 동일단지에서 새로운 매매가 체결된다면 부동산 시가가 급변해 기존에 예상한 세금보다 증여세가 더 많이 나올 수도 있습니다. 감정평가금액은 유사매매사례가액보다 우선해 시가로 적용됩니다. 그래서 감정평가금액을 활용하면 매매사례가액이 새로 나타나도 시가는 감정평가금액으로 불변이므로 안정성을 확보할 수 있습니다.

두 번째는 실제 시가보다 하향해 감정평가금액을 낮출 수 있다는 것입니다. 감정평가는 감정평가사의 주관적인 의견이 반영되기 때문에 실제 시가보다 낮거나 높게 평가됩니다. 보통은 절세효과를 위해 실제 시가보다 10% 내외로 하향해 감정평가를 합니다. 예를 들어 아파트의 유사매매사례가액이

10억이라면 감정평가금액은 최저 9억까지 낮출 수 있습니다. 증여 부동산에 따라 하향평가할 수 있는 폭은 다르지만 실제 시가보다 조금이라도 낮게 평가할 수 있죠. 그래서 감정평가금액 활용이 부동산 증여세 절세의 첫 단계라고 하는 겁니다. 심지어 부동산 증여 시 감정평가수수료는 필요경비로 공제까지 해줍니다. 감정평가금액은 증여일 이전 6개월부터 증여일 이후 3개월 이내의 평가금액만 인정됩니다. 이 기간이 지나서 감정평가를 받는 것은 원칙적으로 인정해 주지 않으니 증여일에 맞춰서 감정평가를 받는 것이 좋습니다.

유사매매사례가액 감정평가를 받지 않는다면 유사매매사례가액이 시가로 적용됩니다. 유사매매사례가액은 공동주택의 경우에만 적용되며 단독주택에는 적용되지 않습니다. 일반적으로 아파트는 구조가 비슷하고 세대수가 많아 매매건수가 빈번하게 발생합니다. 그래서 주로 아파트를 증여할 때 유사매매사례가액이 많이 적용됩니다. 하지만 동일단지 내의 아파트라고 해서 모두 유사매매사례가액으로 적용되는 것은 아닙니다. 가령 동일 평수의 1층과 최고층은 분양가부터 많은 차이가 나서 유사하다고 보기 어렵습니다. 유사매매사례가액으로 적용하려면 다음 3가지 요건을 모두 충족해야 합니다.

1. 증여주택과 동일한 단지 내에 있을 것
2. 증여주택과 주거전용면적의 차이가 5% 이내일 것
3. 증여주택과 공시가격 차이가 5% 이내일 것

유사매매사례가액이 2개 이상이면 증여일에서 가장 가까운 날에 발생한 매매사례가액이 우선할 것이라고 잘못 알고 있는 납세자가 많습니다. 이때는 증여주택과 공시가격 차이가 가장 적게 나는 주택의 매매사례가액이 적용됩니다. 예를 들어 증여 대상 아파트의 공시가격이 10억인데 7월에 증여했다고 가정하겠습니다. 증여일 하루 전에 발생한 유사매매사례가액의 공시가격이 9억 6천만 원인데, 3개월 전에 발생한 유사매매사례가액의 공시가격은 9억 9천만 원이라면 더 오래되었지만 3개월 전에 발생한 유사매매사례가액이 시가로 적용됩니다.

유사매매사례가액은 국토교통부에서 제공하는 실거래가 공개시스템에서 조회할 수 있습니다. 이 시스템에서는 매매계약이 체결된 주택의 면적과 층수만 공개되고, 동호수까지는 공개하지 않습니다. 매매사례가액의 공시가격을 알아야 유사매매사례가액의 해당 여부를 알 수 있습니다. 그런데 동호수를 공개하지 않으니 증여주택과 공시가격 차이가 5% 이내인지 아닌지 알 수가 없죠. 홈택스에서도 유사매매사례가액을 조회할 수 있습니다. 하지만 국토교통부에서 제공하는 자료보다 약 2개월가량 늦게 반영되기 때문에 이것으로 신고하는 것도 무리가 있습니다. 이 때문에 납세자가 정확한 유사매매사례가액을 적용하는 것은 쉽지 않습니다.

유사매매사례가액은 증여일 이전 6개월부터 증여일 이후 3개월 이내로 발생한 것만 인정됩니다. 보통 과거의 매매사례가액을 보고 증여세가 얼마나 나올지 예상한 후 감당할 수 있다고 판단되면 주택증여를 결정합니다. 그런데 증여일 이후에도 언제든지 새로운 매매사례가액이 나타나 시가로 적용될 수 있다는 걸 알아야 합니다. 만약 증여일 이후 과거의 매매사례가액보다 더 높은 매매사례가액이 나온다면 예상한 증여세보다 더 많은 증여세를 내야 하니 낭패죠. 이런 일이 생기는 걸 피하고 싶다면 증여 후 증여신고를 최대한 빨리해야 합니다. 증여신고 이후 체결되는 매매사례가액은 시가로 적용되지 않기 때문입니다.

증여일에 바로 증여신고를 해도 예상치 못한 매매사례가액을 만날 수도 있습니다. 매매사례가액은 부동산 실거래 신고일 이후부터 조회할 수 있습니다. 부동산 실거래 신고는 매매계약일로부터 30일 이내에 신고하게 되어 있습니다. 예를 들어 9월 1일에 매매계약이 체결되고 9월 30일에 부동산 실거래 신고를 했다면, 9월 30일이 돼서야 9월 1일의 매매사례가액이 조회되는 거죠. 9월 10일에 아파트를 증여한다면 증여일 당시에는 9월 1일의 매매사례가액이 조회되지 않아 알 수 없다는 뜻입니다. 9월 10일에 바로 증여신고를 해도 9월 1일의 매매사례가액은 시가로 적용될 수 있습니다. 이런 불안감을 해소하고 싶다면 증여 전 인근 부동산 중개업소를 방문해 30일 이내에 매매계약이 체결된 건이 있는지 직접 확인해 보는 수밖에 없습니다.

22년처럼 거래절벽 현상이 나타나면 아파트라도 증여일 이전 6개월 이내에 매매사례가액이 1건도 없을 수 있습니다. 매매사례가액이 없다면 공시가격이 시가로 적용되어 증여세를 절감할 수 있습니다. 하지만 국세청에서 공시가격과 실제 시가에 차이가 크다고 판단하면 예외적으로 범위를 확장해 증여일 이전 2년부터 증여일 이후 9개월 이내에 발생한 유사매매사례가액를 시가로 적용할 수도 있습니다. 증여세법에서 정한 기간 내에 유사매매사례가액이 없어서 공시가격으로 적법하게 증여세를 신고해도 증여세를 추징할 수 있다는 뜻입니다.

다만 이 경우 원칙적인 평가기간을 벗어난 유사매매사례가액을 시가로 사용하는 것이므로 국세청 마음대로 이를 행할 수 없고, 평가심의위원회의 심의를 거쳐야 합니다. 또 평가심위위원회를 거쳐 유사매매사례가액을 시가로 적용해 증여세를 추징한다고 해도, 기존의 신고가 적법했기 때문에 가산세는 적용되지 않습니다. 아무리 그래도 이 법은 납세자의 법적 안정성과 예측 가능성을 해치는 매우 불합리한 법인 건 사실입니다.

앞서 살펴본 것처럼 아파트 증여는 공시가격 적용이 어렵고, 유사매매사례가액을 시가로 적용하는 것도 불편한 점이 많습니다. 그래서 아파트 증여는 유사매매사례가액보다는 감정평가금액을 시가로 적용하는 것이 좋다고 말하는 겁니다.

단독주택, 상가, 토지 증여 – 공시가격이 유리

단독주택이나 상가, 토지는 아파트처럼 정형화된 부동산이 아니므로 유사매매사례가액 적용이 어렵습니다. 그러므로 보충적 평가액인 공시가격을 사용해 실제 시가보다 낮게 증여받는 방법으로 증여세를 아낄 수 있습니다. 주택 공시가격은 4월 말, 토지 공시가격은 5월 말에 결정되므로 공시가격이 인상되기 전인 3월쯤에 미리 증여하는 것이 좋습니다.

부동산 증여 시에는 보충적 평가액을 적용하는 것이 가장 좋습니다. 그러나 증여 부동산이 임대차 중이거나 담보대출이 실행되어 있다면 보충적 평가액을 시가로 사용하지 못할 수도 있습니다. 예를 들어 단독주택의 공시 가격이 5억인데, 전세보증금 4억 및 월세 200만 원에 임대차 중이라고 가정 하겠습니다. 이 경우 이 주택의 시가는 공시가격이 아니라 전세보증금 4억+ 연월세 2,400만 원/12%=6억으로 평가됩니다. 만약 이 주택에 6억의 저당권 이 설정되어 있다면, 이 경우에도 시가는 6억으로 평가됩니다. 그러므로 보 충적 평가액을 시가로 적용하고 싶다면 그전에 증여할 부동산의 임대차계약 이나 담보대출 여부를 확인해야 합니다.

보충적 평가액을 시가로 적용해 적법하게 증여신고를 했어도 향후 거액 의 증여세를 추징당할 수도 있습니다. 아파트는 실제 시가와 유사한 매매사 례가액으로 증여해야 하는데, 꼬마빌딩 같은 비주거용 부동산은 실제 시가 보다 훨씬 낮은 공시가격으로 증여할 수 있으니 과세 형평성에 맞지 않죠. 그래서 국세청에서는 2019년부터 보충적 평가액으로 적법하게 증여신고를 했더라도, 증여일로부터 9개월 이내의 감정평가금액을 시가로 적용할 수 있 도록 법을 개정했습니다. 즉 공시가격을 기준으로 증여세가 나올 것이라 예 상하고 꼬마빌딩을 증여했는데, 감정평가금액으로 기준이 바뀌어 거액의 증 여세가 추징될 수도 있다는 뜻입니다.

이 경우에도 평가기간을 과거 2년으로 확장해 유사매매사례가액을 적용 합니다. 이때 평가심의위원회의 심의를 거쳐야 하며, 감정평가비용은 국세 청이 부담합니다. 감정평가금액을 시가로 적용 시 가산세는 발생하지 않습 니다. 최근에는 비주거용 부동산뿐만 아니라 단독주택 같은 주거용 부동산에까지 확대해 감정평가를 실행하고 있습니다. 어떠한 기준도 없이 국세청 입맛에 맞게 시가를 적용하는 과세 방식은 납세자의 법적 안정성과 예측 가능성을 크게 해치는 것입니다. 감정평가금액으로 증여세가 나온다면 증여세 부담 때문에 애초 증여하지도 않았을 겁니다. 예상치 못한 고가의 증여세를 과세한다면 갑자기 증여세를 납부할 여력도 없을 수 있습니다. 이런 문제 때문에 현재 감정평가금액으로 증여세를 추징당한 납세자들이 모여 소송을 진행하고 있습니다.

분양권, 입주권 증여

분양권, 입주권은 부동산이 아니라 부동산을 취득할 권리입니다. 그래서 부동산과 달리 시가를 산정하는 방법이 조금 다릅니다. 분양권의 시가는 증여일까지 불입한 분양대금과 프리미엄을 합친 금액이며, 입주권은 구주택의 권리가액+증여일까지 추가로 납입한 분담금+프리미엄을 합친 금액입니다. 여기서 프리미엄에 대해 평가하는 방법은 증여세법에 구체적으로 나와 있지 않고, '불특정 다수인 간의 거래에 있어서 통상 지급되는 프리미엄'이라고만 언급하고 있습니다. 분양권은 양도세율이 높아서 양도세를 줄이기 위해 다운계약을 하는 경우가 빈번합니다. 그래서 유사매매사례가액이 있더라도 다른 분양권의 호가보다 낮다면 시가로 인정되지 않을 수 있습니다. 프리미엄 평가에 대해 문제가 생기길 원하지 않는다면 감정평가를 받는 것이 가장 좋습니다.

부담부증여

부동산 증여에는 일반증여와 부담부증여 2가지 방법이 있습니다. 부채 승계 없이 부동산만 증여하면 일반증여이며, 증여받는 부동산에 담보된 대출이나 보증금 같은 부채를 승계하는 것을 부담부증여라고 합니다. 부담부증여는 증여받는 부동산 시가에서 수증자가 승계하는 부채금액를 제외하고 증여세를 부과하기 때문에 일반증여보다 증여세가 더 적게 나오게 됩니다. 그래서 일반증여보다 부담부증여가 더 유리할 것 같지만 그렇지 않은 경우도 많습니다. 부담부증여는 증여세가 줄어드는 대신 양도세가 발생하기 때문입니다.

무상으로 증여한 것뿐인데 왜 양도세가 발생할까요? 예를 들어 3주택 이상의 다주택자가 조정지역 주택을 5억 원에 취득했는데 가격이 올라서 시가 10억, 전세 7억이 되었다고 가정하겠습니다. 이 주택을 자녀에게 부담부증여를 하면 증여자는 아무 이익이 없을 것 같지만, 전세보증금 7억을 수증자가 상환해야 하므로 증여자가 갚지 않아도 되는 이익이 발생합니다. 즉 증여자는 5억에 취득했는데 7억을 얻었으니 2억의 이익을 본 것과 같고, 양도하진 않았지만 양도차익이 발생한 것이라고 보는 겁니다. 그래서 부담부증여 시 수증자에게 떠넘기는 부채만큼을 양도한 것으로 간주해 양도세가 발생합니다.

부담부증여 양도세 계산하기 부담부증여의 양도세 계산은 다소 복잡합니다. 양도가액은 수증자가 부담하는 채무액이라서 간단합니다. 하지만 취득가액은 실제로 취득한 가액이 아니라 부동산 시가 대비 채무액의 비율을 곱해 산정합니다. 위 예시에서 양도가액은 전세보증금 7억, 취득가액은 실제 취득가액 5억×부채 7억/시가 10억=3.5억이 됩니다. 전세보증금이 적어서 증여자가 실제로 이득 본 것이 없더라도 양도세는 발생합니다. 가령 전세보증금이 2억이라도 취득가액은 5억×2억/10억=1억으로 낮아져서 1억의 양도차액이 생기게 됩니다. 즉 취득가액보다 증여 당시 시가가 더 높다면 부담하는 부채금액에 상관없이 무조건 양도세가 발생하는 것입니다.

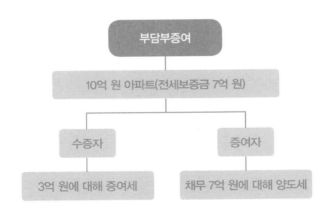

구분	부담부증여 양도소득세
양도가액	상증법상 평가액 × (채무액 / 상증법상 평가액)
취득가액	실가, 환산취득가, 기준시가 × (채무액 / 상증법상 평가액)
필요경비	자본적 지출 등 또는 재산공제액 × (채무액 / 상증법상 평가액)
양도차익	양도가액 - 취득가액 - 기타 필요경비

부담부증여보다 일반증여가 더 유리하다? 증여주택이 1세대1주택이라서 비과세 대상이라면 부담부증여의 양도세도 동일하게 비과세가 적용됩니다. 반면 증여자가 다주택자고 증여주택이 조정지역에 있다면, 부담부증여의 양도세에도 중과세율이 적용됩니다. 이 때문에 부담부증여 시 양도세가 많이 나오면 오히려 일반증여가 더 유리할 수도 있습니다. 다주택자가 조정지역에 있는 주택을 부담부증여하고 싶다면 중과세율이 유예되는 23년 5월 9일 이전에 하는 것이 좋습니다.

예를 들어 보겠습니다. 위 예시 주택을 23년 5월 9일 이후에 부담부증여하면 양도세율이 30% 중과됩니다. 양도세만 2.4억이 발생하고, 증여세까지 합치면 총 약 2.8억의 세금이 나옵니다. 반면 일반증여하면 증여세만 약 2.2억이라 세금이 훨씬 적게 나옵니다. 양도세가 많이 나오는 주택일수록 부담부증여가 오히려 불리한 것입니다. 반면 양도차익이 적거나 비과세 대상이라면 부담부증여가 유리합니다. 무작정 부담부증여를 선택하기보다는 어떤 증여 방법이 세금이 더 적게 나올지 비교해 선택하는 것이 좋습니다.

미성년자에게 부담부증여? 부담부증여는 일반증여에 비해 세금계산도 복잡하지만, 무조건 국세청에서 인정해 주는 것도 아닙니다. 우선 수증자가 부채를 상환할 능력이 있어야 합니다. 누가 봐도 부채를 상환할 능력이 없다면 다른 가족이 대신 부채를 상환해 줄 게 뻔하니 부담부증여를 인정해 주지 않고 일반증여로 간주해 증여세를 추징하게 됩니다. 특히 소득이 없는 미성년자라면 부채상환 능력이 없어서 부담부증여가 어렵습니다. 국세청에서는 부담부증여의 부채상환을 누가 했는지 사후관리까지 합니다. 부담부증여의 부채는 반드시 수증자가 상환해야 하는데, 이를 증여자가 대신 상환하는지를 지켜보는 것입니다. 최근에는 수증자가 채무를 상환했더라도 무슨 자금으로 이를 상환했는지 자금출처조사까지 하고 있습니다. 형식적인 조건만 충족한 후 대출금을 대신 상환하거나, 임대보증금을 세입자에게 대신 지급하는 등 편법적인 거래를 하면 추후 증여세 추징 대상에서 벗어날 수 없다는 걸 명심해야 합니다.

주식 증여

주식 투자에 대한 관심이 커지면서 미성년자 자녀에게 주식을 증여하는 것이 유행처럼 번지기 시작했습니다. 주식 증여를 잘 활용하면 현금 증여보다 절세 측면에서 유리합니다. 주식 증여 후에 주가가 올라 재산이 늘어난 것에 대해서는 증여세가 과세되지 않기 때문입니다. 따라서 자녀에게 재산을 넘겨줄 때는 현금으로 증여하는 것보다 추후 가치가 올라갈 것으로 예상되는 재산을 증여하는 것이 절세 측면에서 유리합니다.

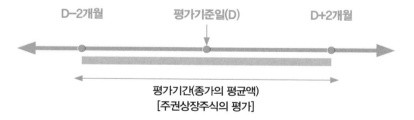

주권상장주식의 평가
→ 기준일 전과 후 2개월간의 종가 평균액으로 평가

[주권상장주식의 평가]

주식 증여 방법 2가지 - 현금 증여 후 주식매수 vs 바로 주식으로 증여

주식 증여에는 2가지 방법이 있습니다.

첫 번째는 현금을 증여한 후에 증여받은 현금으로 주식을 매수하는 것입니다. 자녀의 증권계좌로 현금을 입금한 후 주식을 매수하면 증여가액은 계좌이체한 현금액이 됩니다. 현금으로 증여하면 증여일 이후 주가가 변동되더라도 증여세에 아무런 영향이 없습니다.

두 번째는 주식을 매수한 후 주식 자체를 자녀 계좌로 이전하는 것입니다. 주식으로 증여하면 증여일 이후의 주가 변동에 따라 증여세가 다르게 나옵니다. 주식 시가를 증여일 이전과 이후 2개월간의 종가 평균액으로 계산하기 때문입니다. 따라서 증여일 이후 2개월이 지나야 증여주식의 시가가 결정되어 증여세를 신고할 수 있습니다. 똑같은 금액을 증여하더라도 증여일 이후 주가가 바로 상승할 거라 예상되면 주가상승이 반영되지 않는 현금 증여가 유리합니다. 반면 주가가 하락할 거라 예상되면 주식으로 증여하는 것이 유리합니다. 주가하락이 반영되기 때문에 현금 증여보다 증여 시가를 낮출 수 있습니다.

주식 증여는 증여일 이후 2달간의 주가변동에 따라 증여가액이 달라집니다. 만약 증여일 이후 2달간 주가가 올랐다면 예상보다 증여세가 많이 나올 수 있습니다. 이때는 증여취소를 하면 됩니다. 주식을 다시 부모에게 반환하면 증여가 취소되어 증여세가 나오지 않습니다. 다만 증여세 신고기한 내에 주식을 반환해야 하며, 신고기한 이후에 반환하면 주식을 증여받지 않아도 증여세가 발생하니 주의하세요.

해외주식 – 배우자증여 활용하기

국내 상장주식은 양도차익에 대한 세금이 전혀 없습니다. 하지만 미국주식 같은 해외주식은 무려 양도차익의 20%를 양도세로 과세합니다. 해외주식투자 후 주가가 많이 상승했다면 양도세가 발생하는데, 이때 배우자증여를 활용하면 양도세를 한 푼도 내지 않을 수 있습니다. 예를 들어 애플 주식을 2억에 매수했는데 주가가 상승해 5억이 되었다고 가정하겠습니다. 이대로 매도하면 양도차익 3억에 대한 양도세가 무려 6천만 원이나 나옵니다. 그런데 이 주식을 배우자에게 증여하고 바로 매도하면 양도세가 나오지 않습니다. 주식을 증여받은 배우자의 취득가격은 2억이 아닌 5억이 되기 때문에 5억에 매도해도 양도차익이 전혀 발생하지 않는 것입니다. 부동산과 달리 주식은 증여받고 바로 매도해도 배우자 이월과세가 적용되지 않습니다. 다만 세법이 개정되어 2023년 이후부터는 배우자에게 증여받은 주식을 1년 이내에 팔면 이월과세가 적용되어 양도세가 나오게 되었습니다. 이 세법은 22년에 증여받았어도 23년에 매도하면 적용됩니다. 그러므로 양도차익이 있는 해외주식이 있다면 22년 안에 배우자에게 증여하고 매도까지 해야 양도세를 피할 수 있습니다.

실전 케이스 스터디

증여세

Q | 부모님에게 5천만 원을 증여받았습니다. 어차피 5천만 원은 증여공제 대상이라 증여세가 나오지 않을 텐데 꼭 증여신고를 해야 하나요?

A | 증여공제 범위 내 증여는 증여세가 나오지 않으므로 신고하지 않아도 불이익은 없습니다. 하지만 증여신고를 하면 향후 부동산 같은 자산을 취득할 때 자금출처가 명확해져서 세무조사 가능성을 낮출 수 있습니다. 예를 들어 자녀가 태어나자마자 증여공제금액 범위에 맞춰 10년에 한 번씩 증여하고 증여신고를 한다고 가정하겠습니다. 이렇게 하면 자녀가 30세일 때 1억 4천만 원까지 증여세 없이 증여할 수 있습니다. 증여신고를 하지 않는다면? 자녀가 커서 재산을 취득하는 시점이 되었을 때 한 번에 1억 4천만 원을 증여받은 것으로 간주해 증여세를 과세할 수 있습니다. 증여신고내역이 있으면 1억 4천만 원에 대한 증여세도 나오지 않고, 자금출처로 인정받을 수도 있으니 훨씬 수월할 겁니다. 그러므로 증여세가 나오지 않더라도 증여신고를 하는 게 유리합니다.

Q | 신혼부부입니다. 양가에서 집 사는 데 보태라고 각각 2억씩 증여해 주실 예정입니다. 총 4억을 어떻게 증여받아야 증여세를 절세할 수 있을까요?

A | 각자 본인의 부모에게 2억씩 증여받으면 증여공제 5천만 원을 제외한 1억 5천만 원에 대해 2천만 원씩 총 4천만 원의 증여세가 발생합니다. 하지만 각자 본인의 부모에게 1억씩 증여받고, 교차증여로 처가, 시댁으로부터 1억씩 증여받으면 증여세가 훨씬 줄어들게 됩니다. 부모에게 1억씩 증여받으면 500만 원씩 총 1천만 원의 증여세가 발생합니다. 사위는 장인 장모에게, 며느리는 시부모에게 1억씩 증여받으면 증여공제 1천만 원을 제외한 9,000만 원에 대해 900만 원씩 총 1,800만 원의 증여세가 발생합니다. 최종적으로 증여세는 2,800만 원이 나옵니다. 같은 금액의 현금을 증여받아도 최대한 여러 명에게 증여받아야 증여세를 절세할 수 있습니다. 단, 증여세를 회피하기 위한 목적으로 하는 교차증여는 형식적인 행위에 불과해 인정하지 않는다는 대법원 판례가 있다는 걸 기억해야 합니다. 향후 국세청에서 증여세를 추징할 위험은 남아 있습니다. 이런 위험을 피하려면 교차해서 증여하는 시기와 증여금액을 달리하는 것이 좋습니다.

Q | 차용증을 작성하고 공증받으라고 하던데 공증받는 비용도 부담스럽습니다. 꼭 차용증을 공증받아야 증빙자료로 효력이 있나요?

A | 차용증을 공증받는 이유는 나중에 세무조사 때문에 뒤늦게 작성한 것이 아니라, 실제로 차용증에 적힌 작성일자에 작성한 문서라는 것을 입증하

기 위해서입니다. 등기소에서 확정일자를 받거나 우체국에서 내용증명을 받아도 작성일자에 작성한 문자라는 사실을 입증할 수 있습니다. 비용 절약과 편의 측면에서 공증보다는 우체국 내용증명을 추천합니다.

Q | 부모님에게 빌리는 대신 부모님 재산을 담보로 은행에서 5억 원을 이자율 3%로 대출하려고 합니다. 그럼 부모가 아닌 은행에서 대출받는 것이니 증여세 문제는 없겠죠?

A | 부모님은 담보를 제공한 것뿐이고 은행에서 대출받는 것이라 자녀의 상환 능력이 부족하더라도 절대 증여로 볼 수 없습니다. 그러므로 소득이 부족한 자녀가 단기간 차용을 원한다면 직접 차용보다 담보를 받는 게 더 안전하고 좋은 방법입니다. 단, 부모에게 무상으로 담보를 제공받은 부분은 증여로 볼 수 있습니다. 무상담보 제공의 증여이익은 대출받은 5억의 법정이자율 4.6%와 실제 은행 대출에 지급한 이자율 3%의 차액인 800만 원입니다. 하지만 가족 간 금전차용과 동일하게 법정이자율로 계산한 이자와 은행에 지급한 이자의 차이가 연간 1천만 원 이하라면 무상담보 제공에 대한 증여세도 발생하지 않습니다.

Q │ 부모님과 동생에게 각각 2억씩 차용했습니다. 총 4억을 차용했으니 4억 ×
4.6%−1천만 원=840만 원입니다. 이 경우 840만 원에 대한 이자를 지급
해야 하나요?

A │ 이자 지급에 대한 증여세 계산은 채무자를 기준으로 여러 사람에게 차용
한 총금액으로 하는 것이 아니라 채권자마다 각각 따로 계산합니다. 즉 한
명에게 4억을 차용한 것이 아니라 2명에게 각각 2억씩 차용했기 때문에
이자를 지급하지 않고 무이자 원금분할상환으로 차용할 수 있습니다. 즉
가족 1명이 아니라 여러 명에게 차용한다면 2억 1,700만 원 이상을 차용하
더라도 무이자 원금분할상환으로 차용할 수 있다는 뜻입니다. 단 부모님
은 동일인으로 보기 때문에 어머니 아버지 각각으로부터 2억씩 차용하더
라도 이자를 지급해야 하니 주의하세요.

Q │ 미성년자인 자녀에게 부동산을 증여했습니다. 자녀가 돈이 없으니 부모가
증여세를 대신 내줘도 괜찮을까요?

A │ 증여세는 증여받는 수증자에게 납부의무가 있습니다. 이를 증여자가 대신
낸다면 증여세 금액이 현금 증여에 해당합니다. 그러므로 증여세를 대납
한다면 추가적인 증여세가 발생할 수 있습니다. 증여세가 수천만 원 이상
발생하면 누가 증여세를 냈는지 확인하기도 합니다. 되도록 증여세는 수
증자가 내는 것이 좋습니다.

Q | 제가 벌어온 소득을 가정주부인 배우자가 전부 관리하고 있습니다. 배우자가 재테크를 잘해서 생활비 중 일부를 모아 주식에 투자하고 있는데요. 실제로 배우자에게 증여한 것이 아니라 투자를 배우자에게 일임한 것뿐이니까 증여세 문제는 발생하지 않겠죠?

A | 부동산뿐만 아니라 주식도 주주명부에 등기되는 등기자산입니다. 등기자산을 취득하면 단순히 배우자가 자금을 관리하는 것이 아니라 배우자 명의의 자산을 취득한 것이기 때문에 증여로 추정할 수 있습니다. 증여세를 피하려면 주식의 실제 주인은 남편이며 배우자에게 주식을 명의신탁한 것뿐이라는 사실을 입증해야 하는데, 현실적으로 입증하기가 매우 어렵습니다. 최근 소득이 없는 전업주부가 남편의 돈으로 주식을 취득해 증여세를 과세당한 사례가 있습니다. 배우자가 자금관리를 하더라도 주식투자를 할 때는 실제 자금의 주인인 남편 계좌로 하는 것이 안전합니다.

Q | 오피스텔을 증여하려고 하는데 주택과 달리 오피스텔은 공시가격이 조회되지 않습니다. 증여세를 어떻게 계산해야 하나요?

A | 오피스텔이나 상가 같은 비거주용 건물은 건물과 토지의 공시가격을 각각 따로 구해 합산해야 합니다. 토지와 달리 건물의 공시가격은 면적×건물 신축가격기준액×구조지수×용도지수×위치지수×경과 연수별 잔가율×개별건물의 특성에 따른 조정률로 매우 복잡하게 계산됩니다. 홈택스 홈페이지에서 '건물 기준시가 조회하기' 메뉴를 활용하면 대략적인 금액을

구할 수 있습니다. 건물분 재산세의 과세표준과도 큰 차이가 없으므로 재산세 고지서를 통해서도 알 수 있습니다.

Q   취득가액 6억, 공시가격 5억의 단독주택을 전세보증금 3억에 대해 부담부증여할 예정입니다. 실제 가치는 더 높겠지만 시가를 적용할 다른 금액이 없어서 공시가격 5억으로 증여하려고 합니다. 부담부증여 양도세를 계산해 보니 양도가액: 3억/취득가액: 6억×3억/5억=3.6억으로 취득가액이 더 높아서 양도세가 안 나오는 것이 맞나요?

A   증여 시가를 매매사례가액이나 감정평가금액처럼 실제 시가가 반영된 금액이 아닌 공시가격으로 하면 취득가격도 실제 취득가격이 아닌 취득 당시 공시가격을 기준으로 적용됩니다. 즉 단독주택의 취득 당시 공시가격이 4억이라면 취득가액은 4억×3억/5억=2.4억이 되어 3억−2.4억=6천만 원의 양도차익에 대해 양도세가 발생할 것입니다.

Q   미성년자 자녀에게 갭투자한 주택을 부담부증여하고 싶습니다. 전세보증금은 이자가 발생하는 것도 아니고, 다음 임차인에게 전세보증금을 받아서 상환할 수 있으니 소득이 없더라도 부담부증여가 가능하지 않을까요?

A │ 사실 증여세법에는 부담부증여 시 수증자 소득에 대한 언급이 전혀 없습니다. 증여받는 사람의 소득과 상관없이 실제로 채무를 인수했다는 사실만 증명한다면 부담부증여로 인정받을 수 있습니다. 물론 부담부증여의 부채가 담보대출이라면 최소한 수증자가 이자를 낼 수 있는 소득은 있어야 향후 국세청으로부터 증여세를 추징당할 위험이 적을 겁니다. 이자를 부모님이 대신 부담한다면 자녀가 부채를 인수했다고 증명할 방법이 없기 때문입니다. 하지만 전세보증금은 담보대출과 성격이 완전히 다릅니다. 주택임대차보호법에 따라 임차주택의 양수인은 임대인의 지위를 승계한 것으로 봅니다. 따라서 주택을 증여받았다면 자동으로 전세보증금까지 인수한 것으로 볼 수 있습니다. 즉 부모가 대신 전세금을 상환하지 않는 이상 미성년자라도 전세보증금에 대한 부담부증여는 가능합니다. 다만 취득세는 무조건 소득이 있어야 부담부증여로 인정해 주므로 무상 취득세가 적용될 것입니다.

Q │ 프리미엄이 높은 분양권을 증여하려고 합니다. 언제 어떤 방식으로 분양권을 증여하는 것이 가장 크게 절세할 수 있을까요?

A │ 분양권은 중도금 대출 이전에 증여하는 것이 좋습니다. 분양권의 시가는 기납부한 분양금+프리미엄이므로 중도금 대출 후 납부한 분양금이 많아지면 증여세가 많이 나옵니다. 증여세를 줄이기 위해 중도금 대출을 승계하는 부담부증여를 하더라도, 분양권 양도세율이 최소 60%라 양도세가 많이 발생하게 됩니다. 그러므로 분양권은 계약금 납부 후 바로 증여하는 것이 가장 좋습니다. 만약 중도금 대출 후 증여해야 한다면 양도세가 발생하지 않는 일반증여가 더 유리합니다.

Q │ 미성년자 자녀에게 주식을 2천만 원가량 증여하려고 합니다. 어차피 증여
공제 내라서 증여세가 안 나올 텐데 귀찮게 꼭 주식 증여신고를 해야 하나
요?

A │ 증여한 주식이 크게 오르지 않는다면 증여신고를 하지 않더라도 불이익은
없습니다. 그런데 증여한 주식이 대박 나서 급등하면 큰 불이익이 발생합
니다. 예를 들어 자녀에게 2천만 원가량 주식을 증여하고 증여신고를 하지
않았는데 주가가 많이 올라서 2억이 되었다고 가정하겠습니다. 자녀가 이
주식을 매도하고 부동산을 취득한다면 증여가액은 2천만 원이 아니라 2억
이 됩니다. 과거에 증여신고를 하지 않았기 때문에 부모가 자녀의 계좌를
일시 사용한 것으로 간주해 주식 증여를 인정하지 않는 거죠. 오히려 부동
산 취득 시 2억을 증여한 것으로 보겠다는 겁니다. 이는 현금 증여 후 주
식을 매수할 때도 마찬가지입니다. 그러므로 증여세가 나오지 않는 소액
증여라도 증여신고를 하는 것이 좋습니다.

PART 2

닥치면 늦는다,
상속세

상속세

상속세는 부자들만 내는 세금이라는 인식이 강했었죠? 하지만 최근 부동산 가격이 급등하면서 이제는 꼭 부자가 아니라도 아파트 1채만 물려받으면 상속세를 납부해야 합니다. 수도권 아파트를 보유하고 있는 고령층이라면 누구라도 고민이 될 수밖에 없을 겁니다. 상속세는 가족 중 누군가의 사망으로 인해 발생합니다. 사람의 생사는 아무도 예상할 수 없으니 갑자기 상속이 발생하면 물려받은 재산을 처분해서라도 상속세 재원을 마련해야 합니다. 미리 대비하지 않으면 가족의 죽음을 슬퍼할 새도 없이 세금 걱정에 파묻히게 될 것입니다. 심지어 한국은 세계에서 상속세 부담이 가장 큰 나라 중 하나입니다. 상속세 납부 때문에 상속받은 기업을 어쩔 수 없이 매각하는 일도 종종 벌어집니다. 부모가 평생을 노력해 모은 재산을 물려받았는데, 상속세 때문에 급하게 손해 보고 팔아야 하는 상황은 누구라도 피하고 싶을 것입

니다. 상속세에 대해 잘 알아보고, 상속 전에 미리미리 절세방안을 모색하길
권합니다.

과세대상 – 추정상속재산과 입증책임, 그 돈 어디로 갔나요?

상속세는 고인이 보유한 모든 자산에서 모든 부채를 제외한 순수한 상속
재산에 대해서만 부과하는 세금입니다. 그런데 상속으로 직접적으로 물려받
은 재산이 없는데 상속세가 부과되는 일도 있습니다. 대표적인 것이 '추정상
속재산'입니다. 추정상속재산이란 상속개시일 2년 이내에 사용처를 정확히
알 수 없는 금액이 있는 경우, 이를 상속인이 상속받은 것으로 추정하는 것
을 말합니다.

부모님이 오래된 지병으로 병원에 입원 중이라면 곧 상속이 개시될 것을
예상할 수 있습니다. 이때 상속세를 피하려고 미리 부모님의 예금을 전부 현
금으로 찾아 보관하거나, 재산을 처분해 현금으로 받는다면 국세청이 포착
하기 어려워서 과세할 수 없겠죠. 그래서 상속 전에 상속인이 미리 재산을
빼돌리는 것을 막기 위해 추정상속재산 제도가 생긴 것입니다. 추정상속재
산이 있다면 상속인이 원래 있던 부모 재산이 어디에 사용되었는지 그 사용
처를 80% 이상 입증해야 합니다. 그래야 상속세가 과세되지 않습니다. 다만
누구나 사용처가 불분명한 금액이 있을 수 있으므로 모든 금액에 대해 전부
입증해야 하는 것은 아닙니다. 추정상속재산의 기준은 상속개시일로부터 1
년 내 2억 이상, 2년 내 5억 이상의 불분명한 금액이 있을 때만 적용됩니다.

상속세를 피하려고 재산을 미리 빼돌린 것이 아닌데도 추정상속재산이 발생할 수 있습니다. 예를 들어 부모님이 돌아가시기 몇 달 전에 어떤 이유로 현금 5억을 인출했는데 자녀가 그 용도를 모를 수 있습니다. 추정상속재산은 상속인이 상속받은 것으로 추정하기 때문에 상속받지 않았다는 입증책임이 상속인에게 있습니다. 하지만 이미 돌아가신 후라면 어디 쓰셨냐고 물어볼 수도 없으니 입증이 매우 어렵죠. 상속인이 현금인출의 사용출처를 명백히 입증하지 못하면 상속인이 가져간 것이 아니라도 상속세를 내야 합니다.

따라서 부모님의 건강이 좋지 않아 곧 돌아가실 것 같다면 미리 과거 2년의 재산명세를 살펴보고, 불분명한 재산처분 및 인출내역이 있다면 부모님에게 미리 내용을 확인하는 것이 좋습니다. 반면 상속개시일로부터 2년이 지난 내역들은 불분명한 재산처분금액이 아무리 크더라도 추정상속재산에 해당하지 않습니다. 추정상속재산이 아닌 경우에는 입증책임이 상속인이 아니라 국세청에 있습니다. 상속인이 재산을 가져갔다는 사실을 국세청이 먼저 입증하지 못하면 상속세를 과세할 수 없습니다.

 **추정상속재산 기준**

기간	상속 개시 전 재산처분액 또는 채무부담액
상속개시일 전 1년 이내	재산 종류별 또는 채무합계액으로 계산해 2억 원 이상인 경우로 용도가 불분명한 경우
상속개시일 전 2년 이내	재산 종류별 또는 채무합계액으로 계산해 5억 원 이상인 경우로 용도가 불분명한 경우

추정상속재산 입증책임

상속개시일 전
10년

상속개시일 전
2년

상속개시일

입증책임: 과세당국

입증책임: 상속인(납세자)

과세대상 – 사전증여재산, 10년 내 증여받은 모든 재산

추정상속재산 외에도 상속세가 과세되는 경우가 한 가지 더 있습니다. 상속개시일로부터 10년 이내에 상속인이 증여받은 모든 재산은 상속세 과세가액에 가산합니다. 이를 '사전증여재산'이라고 합니다. 상속세가 정말 무서운 이유는 이 사전증여재산에 있습니다. 사전증여재산 때문에 상속재산이 적더라도 거액의 상속세가 부과될 수 있습니다. 상속인이 상속개시일로부터 10년 이내에 증여받은 재산을 모두 정확하게 신고 납부했다면 문제 될 것이 없습니다. 예를 들어 부동산을 증여받았다면 증여 시점에 증여세를 신고·납부했을 겁니다. 이때 납부한 증여세는 상속세에서 제외해 줍니다. 그러므로 증여세와 상속세가 이중으로 과세되는 일은 없습니다.

문제는 현금 증여입니다. 부동산이나 주식은 증여받고 증여신고를 하지 않으면 국세청 전산에 바로 조회되어 증여세를 추징하기 때문에 대부분 증여신고를 잘합니다. 하지만 현금은 증여받더라도 국세청 전산에 조회되지 않기 때문에 증여세를 내지 않아도 당장 문제가 되진 않습니다. 증여신고가 없었는데, 지난 10년 동안 부모님에게 계좌이체로 현금을 증여받은 내역이 있으면 사전증여재산으로 과세하는 것입니다.

정확한 상속세를 과세하려면 사전증여재산을 파악해야 하므로 세무조사가 필연적으로 발생합니다. 상속세 세무조사에서 가장 중점으로 보는 내용도 돌아가신 분과 상속인과의 계좌이체내역입니다. 만약 상속세 세무조사에서 증여신고를 하지 않은 계좌이체내역이 발견되면 그 부분에 대한 상속세를 내야 합니다. 여기에 증여신고를 제때 하지 않았으므로 증여세에 대한 가산세, 정확히는 무신고가산세 20%가 추가됩니다. 부모님 보유재산이 10억 이상이며 연세가 많다면, 어차피 나중에 상속세 세무조사에서 현금 증여가 밝혀지니 소액 현금 증여도 제때 신고하는 것이 좋습니다.

사전증여재산 때문에 계좌이체내역을 조사하는 과정에서 억울하게 세금을 내야 하는 일도 있습니다. 과세 관청은 기본적으로 부모 자식 간 계좌이체를 증여로 추정합니다. 계좌이체내역이 증여가 아니라는 걸 납세자가 입증하지 못하면, 사실은 증여가 아니더라도 증여로 간주해 세금을 부과한다는 뜻입니다. 예를 들어 부모님과 함께 살면서 자녀가 생활비를 카드로 결제하고, 나중에 부모님에게 비용을 정산받을 수 있습니다. 당연히 증여가 아닙니다. 하지만 국세청은 계좌이체내역만으로 증여라고 추정합니다. 납세자가 증여가 아니라는 걸 입증해야 하는데, 이게 현실적으로 쉽지 않습니다. 1년 전 일도 잘 기억나지 않는데, 심지어 8, 9년 전 이체내역이 뭐였는지 기억하기는 거의 불가능하니까요. 입증하지 못하면 아무리 억울해도 상속세가 과세됩니다.

이럴 때를 대비해 간단한 대비 방법이 있습니다. 계좌이체를 할 때 무슨 내용으로 이체한 건지 구체적으로 이체내용을 통장 메모로 남기는 것입니다. 메모를 남기면 수년이 흘러도 무슨 내용으로 계좌이체를 한 것인지 파악할 수 있으니 억울하게 세금을 더 내는 일을 막을 수 있습니다. 물론 계좌이체만으로 증여가 아니라는 사실을 완전히 입증할 수 있는 건 아닙니다. 이체 메모에 따른 영수증이나 증빙자료도 함께 제출해야 완벽하게 입증할 수 있으므로 증빙자료도 잘 보관하는 것이 좋습니다.

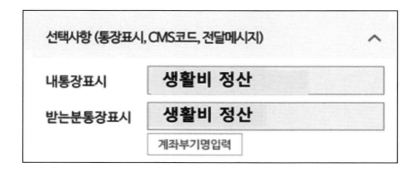

상속세 계산하기

상속세는 받는 사람이 아니라 피상속인의 재산을 기준으로 과세합니다. 그래서 여러 상속인이 상속재산을 나눠 받더라도 상속세가 줄어들지 않습니다. 다만 피상속인의 모든 재산에 상속세를 과세하는 것은 아닙니다. 상속세는 모든 세금 중 기본적으로 공제해 주는 금액이 가장 큽니다.

상속세 공제의 종류
배우자·자녀 기본공제 5억 우선 상속재산이 5억 이하라면 상속세는 한 푼도 나오지 않습니다. 일괄적으로 상속재산에서 공제해 주는 금액이 5억이나 되기 때문입니다. 5억 일괄공제는 선순위 상속인이 상속재산을 받았을 때만 적용됩니다. 선순위 상속인은 배우자와 자녀를 말합니다. 만약 배우자와 자녀가 살아 있는데 상속재산을 손자가 전부 상속받는다면 손자는 선순위 상속인이 아니기 때문에 5억 일괄공제가 적용되지 않습니다. 아버지가 먼저 사망해 손자가 대습상속을 받는 경우라면, 손자가 선순위 상속인이므로 5억 일괄공제가 적용됩니다.

배우자공제 최대 30억까지! 고인의 배우자가 생존해 있다면 배우자공제로 추가로 5억을 더 공제해 줍니다. 아버지가 돌아가셨는데 어머니가 살아 계시면 상속재산 10억까지는 상속세가 나오지 않습니다. 흔히들 배우자 기본공제는 5억으로 알고 있습니다. 하지만 배우자가 상속받게 되는 재산에 따라 기본공제는 최대 30억까지 가능합니다. 고인의 재산형성에 배우자가 함께 기여한 부분이 있고, 고인과 동일세대로 살아온 배우자의 생활을 보장하기 위해 추가 공제를 해주는 것입니다.

모든 상속재산을 자녀가 받고 배우자가 상속받지 않는 경우라도 배우자 기본공제 5억이 적용됩니다. 그러나 배우자가 상속재산을 받으면 법정상속분 금액만큼 기본공제를 받을 수 있습니다. 배우자의 법정상속분은 자녀보다 1.5배 많습니다. 예를 들어 상속재산이 35억이고 자녀가 2명 있다면, 배우자의 법정상속분은 35억×1.5/(1.5+1+1)=15억입니다. 배우자가 15억을 상속받는다면 배우자 상속공제가 15억으로 적용되는 것입니다. 다만 배우자가 35억을 전부 상속받더라도 배우자 기본공제는 법정상속분 15억까지만 적용됩니다. 상속재산 규모가 크다면 배우자가 법정상속분만큼 상속받아서 배우자 증여공제를 최대한 받는 것이 좋습니다.

동거주택공제 6억 상속인이 고인과 함께 살던 주택을 상속받는 경우에도 추가 공제를 받을 수 있습니다. 이를 '동거주택공제'라고 하며 최대 6억 원까지 추가로 공제해 줍니다. 다만 동거주택 상속공제를 받으려면 몇 가지 충족해야 하는 요건이 있습니다. 우선 상속인이 무주택자여야 합니다. 그리고 상속개시일로부터 10년 이상 1세대1주택자인 고인과 동일세대를 이루며 함께 동거했어야 합니다. 고인이 다주택자라면 동거주택공제가 적용되지 않으니 참고하세요. 만약 여러 명이 동거주택을 공동으로 상속받는다면, 다음 조건을 충족하는 상속인의 상속지분에 대해서만 동거주택공제가 적용됩니다.

동거주택 상속공제 요건
- ▶ 피상속인은 사망 전 10년 이상 계속해서 1세대1주택자였어야 함
  (이사·혼인·동거봉양으로 일시적 2주택인 경우 가능)
- ▶ 상속인은 피상속인이 죽기 전 10년 이상 계속해서 동거했어야 함
- ▶ 상속인은 상속개시 현재 무주택자여야 함
  (2020년부터는 피상속인과 공동소유했던 지분은 무주택으로 인정)

금융재산공제 및 장례비용공제 상속재산에 예금, 주식, 채권 같은 금융재산이 있다면 금융재산공제도 적용받을 수 있습니다. 금융재산의 가액에 따라 최대 2억 원을 한도로 금융재산의 20%까지 추가로 공제해 줍니다. 다만 현금과 수표는 금융재산공제가 적용되지 않습니다. 따라서 보유하고 있는 현금과 수표가 있다면 돌아가시기 전에 예금으로 입금하는 것이 좋습니다.

장례비용도 공제가 가능합니다. 지출 증빙서류가 없어도 최소 500만 원은 공제받을 수 있습니다. 장례에 든 실제 비용을 증명하더라도 최대 1,000만 원(봉안시설 또는 자연장지를 사용하는 경우에는 최대 1,500만 원)까지만 공제받을 수 있습니다.

상속세와 증여세의 공통점, 차이점

상속세와 증여세는 공통점이 몇 가지 있습니다. 우선 증여세와 세율이 완전히 동일합니다. 또한 증여세와 마찬가지로 조부모의 재산을 손자가 받으면 세대생략 할증과세가 적용됩니다. 단 대습상속의 경우라면 할증과세가 적용되지 않습니다. 신고세액공제도 증여세와 동일하게 3%가 적용됩니다. 재산의 시가를 평가하는 방법도 기본적으로 동일합니다. 다만 증여세는 시가 범위가 증여일 전 6개월 후 3개월이지만, 상속세는 상속개시일 전 6개월 후 6개월로 범위가 더 넓습니다. 신고·납부기한을 보면 증여세는 증여일이 속하는 달의 말일로부터 3개월 이내지만, 상속세는 6개월 내로 기한이 좀 더 여유롭습니다.

상속세 계산 방법

상속재산가액
※ 상속개시일 현재의 시가에 의해 평가. 단, 시가산정이 어려우면 개별공시지가 등 보충적 평가방법으로 평가
※ 상속재산으로 보는 보험금·신탁재산·퇴직금 등 포함

+

추정상속재산가액
※ 상속개시 전 피상속인이 처분하였거나 부담한 채무로써 용도가 객관적으로 명백하지 아니한 일정 기준의 금액

−

과세제외재산
※ 비과세 재산(금양임야·문화재 등)
과세가액 불산입재산(공익법인 출연재산 등)

−

공과금·장례비용·채무

+

상속개시 전 증여재산가액
※ 상속개시일 전 10년 이내에 피상속인이 상속인에게 증여한 재산가액 및 5년 이내에 피상속인이 상속인이 아닌 자에게 증여한 재산가액 등

상속세 과세가액

−

상속공제
※ (기초공제+그 밖의 인적공제)와 일괄공제(5억) 중 큰 금액
가업(영농)상속공제·배우자공제·금융재산 상속공제·재해손실공제·동거주택 상속공제 단, 위 합계 중 공제적용 종합한도 내 금액만 공제 가능

−

감정평가 수수료
※ 부동산감정평가법인의 수수료 등

상속세 과세표준

×

세율

과세표준	1억 원 이하	5억 원 이하	10억 원 이하	30억 원 이하	30억 원 초과
세율	10%	20%	30%	40%	50%
누진공제액	0	1천만 원	6천만 원	1억 6천만 원	4억 6천만 원

산출세액
※ (상속세 과세표준 × 세율) − 누진공제액

+

세대생략 할증과세액
※ 상속인이나 수유자가 피상속인의 자녀가 아닌 직계비속이면 할증함. 단, 대습 상속받는 경우는 할증 제외(예: 부의 사망으로 조부가 손자에게 대습상속 시 할증 제외)

−

세액공제 등
※ 신고세액공제·증여세액공제·단기재상속세액공제·외국납부세액공제·문화재 등 징수 유예세액

+

신고납부불성실 가산세 등

납부할 상속세액

 **상속공제의 종류**

공제		내용
기초공제	2억 원	가업상속 시 200억 원~500억 원 추가 영농상속 시 15억 원 추가
인적공제	자녀공제	▶ 성년: 1인당 5,000만 원 ▶ 미성년: 1,000만 원×19세까지의 잔여연수
	연로자공제 (65세 이상)	1인당 5,000만 원
	장애인공제	1인당 1,000만 원×기대여명연수
일괄공제	5억 원(기초공제+인적공제와 일괄공제 중 큰 금액 선택 가능)	
배우자공제	▶ 배우자상속액이 5억 원 미만이면 5억 원 ▶ 배우자상속액이 5억 원 이상이면 30억 원까지	
금융재산공제	▶ 금융재산 2,000만 원 이하: 전액 ▶ 2,000만 원 초과~1억 원 이하: 2,000만 원 ▶ 1억 원 초과~10억 원 이하: 20% ▶ 10억 원 초과: 2억 원	
동거주택공제	주택상속액의 6억 원까지 공제 1세대1주택으로 피상속인과 10년 이상 동거 요건	
재해손실공제	상속세 신고기한 중 재해로 손실된 금액	

*자녀공제는 미성년공제와 중복적용
　장애인공제는 자녀·미성년자·연로자·배우자공제와 중복적용

상속세를 절세하는 4가지 방법

상속이 이미 개시된 시점이라면 상속세를 절세할 방법은 거의 없습니다. 상속세를 절세하고 싶다면 상속이 시작되기 전에 미리 여러 방안을 실행했어야 합니다. 상속세 절세에 자주 사용하는 방법은 크게 4가지가 있습니다.

1. 주택연금

"상속세를 절세하려면 부모님에게 효도하면 안 된다." 이런 말 들어봤을까요? 자녀가 부모에게 효도하기 위해 용돈, 생활비, 병원비로 드린 금액은 상속 시 상속세를 단 1원도 줄이지 못합니다. 효도하는 마음으로 자녀의 돈을 부모에게 드리는 건 상속세 절세에는 아무런 도움이 안 된다는 뜻입니다. 부모가 보유 중인 주택을 담보로 주택연금을 받아서 이 돈으로 생활비, 병원

 **주택연금 가입요건**

구분	가입조건
가입연령	부부 중 1명이 만 55세 이상
주택가격	부부합산 기준 공시가격 등 기준가격 9억 원 이하 주택소유자 다주택자의 경우 주택 합산 가격이 9억 원 이하 기준가격의 합산이 9억 원을 초과하는 2주택자는 3년 이내 비거주 주택 1채를 처분하는 조건으로 가입
대상 주택	단독주택, 공동주택, 노인복지주택, 주거 목적 오피스텔 등
거주 여부	실제 거주 ※ 주택연금 가입용 주택을 전·월세로 주고 있는 경우 가입 불가 ※ 실거주 예외 인정 사유 ① 질병치료, 심신요양 등을 위해 병원, 요양시설 등에 입원(소) ② 자녀 등의 봉양을 받기 위해 다른 주택 등에 장기체류 ③ 관공서에 의한 격리, 수용, 수감 등 ④ 기타 개인적인 특별한 사정 등을 감안해 공사가 인정한 경우 등

비로 사용하면 어떻게 될까요? 이때는 이미 받은 주택연금에 대해 금융채무가 생기기 때문에 상속세를 줄일 수 있습니다. 부모님 재산이 주택뿐이라서 생활비가 없다면 자녀가 생활비를 드리는 것보다는 주택연금을 활용하는 것이 낫습니다.

주택연금은 연령, 주택유형, 주택가격 등 몇 가지 요건만 충족하면 누구나 가입할 수 있습니다. 연령은 부부 중 적어도 1명이 만 55세 이상이고, 주택가격은 공시가격 9억 원 이하만 가능합니다. 실제 거주 중인 주택만 신청할 수 있으며, 전·월세로 임대 중이라면 가입할 수 없습니다. 주택연금은 가입 당시 주택 시가에 따라 연금지급액이 결정됩니다. 가입 이후 주택가격이 내려가더라도 지급되는 연금액은 변동이 없습니다. 그래서 주택가격이 올랐을 때 가입하면 더 많은 연금액을 받을 수 있습니다. 이 요건 때문에 부동산가격이 높은 최근에 주택연금 가입자가 급격하게 늘고 있습니다.

2. 차용증

부모님이 청약에 당첨되었는데 분양금을 낼 돈이 없어서 자녀가 대신 내기도 합니다. 원칙적으로 이 경우는 증여에 해당하며, 증여세가 발생합니다. 이보다 더 큰 문제는 청약에 당첨된 주택 시가가 오른 후에 상속이라도 받게 되면 상속세도 내야 한다는 것입니다. 주택 시세차익에 대한 상속세는 그렇다 쳐도, 분양자금을 전부 자녀가 부담했는데 이 분양대금에 대해서도 상속세를 내야 한다는 건 억울할 겁니다.

이 자녀가 부모에게 증여한 재산을 상속으로 다시 돌려받는 것은, 실제로는 부모에게 재산을 물려받는 것이 아닙니다. 하지만 자녀가 부모에게 증여했다고 해서 상속재산에서 이를 제외해 주지는 않습니다. 상속재산에서 이를 제외하려면 부모님이 상환해야 할 부채라는 것을 증명해야 합니다. 즉 분양대금을 대신 납부할 때 증여가 아니라 부모님께 빌려준 돈으로 해야 상속재산에서 제외할 수 있습니다.

부모 자식 간의 차용은 기본적으로 증여로 추정하기 때문에, 상속재산에서 채무로 인정받기가 쉽지 않습니다. 상속세는 특히나 세무조사가 많이 발생하는데, 세무서에서는 웬만해선 차용을 인정하지 않습니다. 그래서 현장에서 이런 고객이 상담하러 오면 차용증과 원리금상환내역을 남길 뿐만 아니라 부모님 소유주택에 근저당권까지 설정하라고 권합니다. 부모가 거주할 주택을 자녀가 마련해 주는 것인데 꼭 이렇게까지 해야 하나 싶겠지만, 상속세를 절세하려면 효자가 되면 안 되는 게 현실입니다.

3. 사전증여

사전증여는 상속세를 절세할 수 있는 대표적인 방법 중 하나입니다. 부모님이 시가 16억과 5억인 2주택을 보유 중이라고 가정하겠습니다. 이 주택들을 상속받았습니다. 상속공제 10억을 받아도 상속세는 약 2억 8천만 원이 나옵니다. 하지만 상속개시일 10년 전에 5억 주택을 미리 자녀에게 증여하면 상속세가 줄어들게 됩니다. 물론 증여 시점에 5억 주택에 대한 증여세가 약 8천만 원 나올 겁니다. 하지만 향후 상속 시 16억 대해서만 상속세가 나오니까 상속세는 1억 2천만 원으로 줄어들게 됩니다. 미리 납부한 증여세를 포함해도 총세금은 2억입니다. 사전증여를 하지 않은 경우와 비교하면 8천만 원이나 절세되는 거죠. 이렇게 사전증여를 하면 증여세와 상속세로 과세표준이 나눠지기 때문에 적용되는 세율이 낮아져 절세효과가 있습니다.

부모 재산이 많을수록 높은 상속세율이 적용되니 사전증여 절세효과는 더 커집니다. 단 증여하고 10년 이내로 부모님이 돌아가시면, 사전증여재산도 상속재산에 포함되므로 이러한 절세효과는 사라지게 됩니다. 이런 경우라면 사전증여를 해도 절세에 실패할 수 있습니다. 실패확률을 줄이고 싶다면 법정상속인이 아닌 손자나 사위, 며느리에게 증여하는 것도 좋은 방법입니다. 수증자가 법정상속인이 아니라면 5년 이내 증여재산만 상속재산에 포함되기 때문입니다.

사전증여 때문에 오히려 상속세가 더 나오는 어처구니없는 상황도 발생할 수 있습니다. 사전증여 후 얼마 뒤에 상속이 개시된다면 사전증여가 독이 될 수 있습니다. 사전증여재산이 상속재산에 포함되면 상속공제금액이 줄어들기 때문입니다. 상속공제한도액은 상속세과세가액−(사전증여재산가액−증여재산공제금액)입니다. 상속재산이 14억, 상속공제가 10억이라면 상속세는 7천만 원이 나옵니다. 그런데 만약 같은 조건에서 상속일 직전에 6억을 자녀가 사전증여 받았다면 상속공제금액은 상속재산 14억−(사전증여재산 6억−증여공제 5천만 원)=8.5억이 됩니다. 사전증여 때문에 상속공제금액이 1.5억이나 줄어들어 상속세가 더 나오게 되는 것입니다.

물론 사전증여재산이 상속재산에 포함되더라도 무조건 불리한 건 아닙니다. 상속재산가액에 가산하는 증여재산가액은 상속 당시가 아닌 증여 당시 평가액입니다. 그래서 부동산이나 주식 등을 증여한 후 가격이 올랐다면 상속세를 크게 절약할 수 있습니다. 예를 들어 상속개시일 몇 년 전에 부동산을 시가 5억에 증여받았다고 가정해 보겠습니다. 상속일에 부동산의 가치가 상승해 시가 20억이 되더라도 상속재산에 포함되는 금액은 증여 시점의 시가 5억뿐입니다. 만약 사전증여를 받지 않았다면 시가 20억이 상속재산이 되어 상속세가 많이 나오겠죠. 이처럼 사전증여는 어떻게 활용하느냐에 따라 유불리와 절세금액이 달라집니다. 상속세를 절세하기 위해 사전증여를 계획 중이라면 여러 경우의 수를 가정한 후 비교해 보세요.

4. 종신보험 가입

상속세는 절세뿐 아니라 상속세를 납부할 자금을 미리 마련하는 것도 중요합니다. 부모님에게 상속받은 재산이 부동산뿐이라면 갑자기 상속세 몇억을 마련할 방법이 없습니다. 상속세를 내기 위해 상속받은 부동산을 급매로 처분하는 게 남의 일이 아닙니다. 만약 부동산이 팔리지 않는다면 상속받은 부동산으로 담보대출을 받거나 물납하는 수밖에 없습니다. '물납'이란 세금을 현금 대신 부동산, 주식 등의 재산으로 납부하는 제도입니다. 그런데 물납하면 금전적으로 손해 볼 수 있습니다.

예를 들어 실제 시가 30억, 공시가격 20억의 꼬마빌딩을 상속받았다고 가정하겠습니다. 이 꼬마빌딩을 물납하면 국세청은 꼬마빌딩을 실제 시가가 아닌 공시가격 기준으로 가치를 매깁니다. 즉 시가 30억의 꼬마빌딩을 20억에 국세청에 팔게 되는 셈입니다. 반면에 꼬마빌딩으로 담보대출을 받는다면 시가보다 저평가되는 손해는 보지 않지만 상속세를 추가로 내야 합니다. 은행에서 담보가치를 측정하기 위해 꼬마빌딩을 감정평가하는데, 그렇게 되면 공시가격 20억이 아닌 실제 시가 30억을 기준으로 상속세가 부과됩니다. 이래저래 손해죠. 이런 불상사를 피하려면 상속세를 낼 현금을 미리 준비하는 수밖에 없습니다.

상속세 준비자금을 마련하려면 종신보험에 가입하는 것이 좋습니다. 단,

이 종신보험의 보험료를 부모가 내면 사망보험금도 상속재산에 포함되니 주의해야 합니다. 사망보험금에 대해서도 상속세가 과세되기 때문에, 상속세 낼 자금이 부족할 수 있습니다. 반면에 자녀가 종신보험 보험료를 직접 내면 사망보험금이 상속재산에 포함되지 않습니다. 부모는 피보험자일 뿐이고, 보험료는 자녀가 냈으니 사망보험금은 자녀의 고유재산이 됩니다. 사망보험금에 어떠한 세금도 부과되지 않습니다. 따라서 부모의 종신보험에 가입할 때는 자녀 이름으로 계약하고 자녀가 직접 보험료를 납부하는 것이 유리합니다. 이때도 자녀가 부모에게 현금을 증여받아 보험료를 낸 경우라면 사망보험금이 상속재산에 포함되니 주의하세요. 자녀가 직접 번 소득으로 보험료를 납부해야 합니다.

사전증여가 유리한 경우

사전증여 안 할 때

	계산 금액
상속재산	21억
상속공제	10억
과세표준	11억
최고세율	40%
산출세액	2.8억

10년 전 5억 사전증여

	분리과세
상속재산	16억
상속공제	10억
과세표준	6억
최고세율	30%
산출세액	1.2억
총세금	1.2억 + 증여세 8천 = 2억
절세금액	2.8억 − 2억 = 8천만 원

 사전증여가 불리한 경우

사전증여 없음

	계산 금액
상속재산	14억
상속공제	10억
과세표준	4억
최고세율	20%
상속세	7천만 원

상속일 직전 6억 사전증여

	분리과세
상속재산	14억
상속공제	14억 − 5.5억 = 8.5억
과세표준	5.5억
최고세율	30%
상속세	1억 500만 원

※ 상속세 공제한도: 상속재산 − (사전증여재산 − 증여공제금액)

상속세 납부 재원 마련 방법 비교

종신보험	사망하면 무조건 약정한 보험금을 지급하므로 적시성을 확보할 수 있음
부동산 매도	부동산 처분 가액이 상속재산 가액이 되어 상속세 부담 증가 급매로 인해 제대로 된 가격을 받지 못하고 팔게 될 수 있음
물납	상속세 신고 시 평가 가액으로 물납되므로 기준시가로 물납되면 불리함
대출	담보자산의 감정가액이 상속재산 가액이 되어 상속세 부담이 증가할 수 있음

누구나 거치는
상속세 세무조사에 대처하기

일반적으로 부가세, 종합소득세, 양도소득세 같은 세금은 납세자가 세금신고만 하면 정확하게 세금을 신고했다고 가정하고, 딱히 세금탈루 의혹이 없으면 세무조사를 하지 않습니다. 하지만 상속세는 다른 세금과 달리 상속세 신고로 세금이 확정되는 것이 아니라 세무조사를 통해 국세청이 결정합니다. 즉 상속세는 세금탈루 의혹이 전혀 없어도 세무조사가 필연적으로 발생합니다. 그래서 상속세는 신고 전부터 세무조사를 받는다고 생각해야 합니다. 물론 모든 상속 건을 조사하는 것은 아닙니다. 부모에게 물려받은 재산이 거의 없다면 하지 않습니다. 상속세 세무조사는 그리 간단하지 않습니다. 사전증여재산을 확인하기 위해 최대 10년간 피상속인과 상속인과의 자금거래를 모두 조사해야 합니다. 국세청 인력은 한정되어 있는데, 10년간 자금거래를 조사해도 추징할 상속세가 없을 게 뻔하다면 국세청으로서도 시간을

낭비하고 싶진 않을 겁니다. 따라서 고인의 소득이나 자산이 없다면 상속세 세무조사는 걱정하지 않아도 됩니다.

상속세 세무조사는 상속재산의 규모에 따라 조사담당 및 조사방법이 달라집니다. 조사방법은 자료처리, 간편조사, 일반조사로 나뉩니다.

자료처리는 세무조사라고 할 정도는 아니고, 관할세무서에서 상속세 신고내용을 확인하고 부분적인 해명 자료를 요구하는 방식입니다. 모든 내용을 전부 조사하는 것이 아니므로 세무서에서 요구하는 부분에 대해서만 자료를 제출하면 됩니다. 세무서에서 별다른 문제점이 없다고 판단하면 상속세가 확정되며, 상속세와 관련된 모든 절차가 종결됩니다.

간편조사와 일반조사는 우리가 알고 있는 세무조사입니다. 일반조사는 100일 이내로 실시하고, 간편조사는 일반조사의 60% 수준인 60일 이내로 실시하고 있습니다. 간편조사라고 해서 말 그대로 간단하게 조사하는 게 아닙니다. 일반조사보다 조사 강도가 조금 약할 뿐입니다.

상속재산의 규모가 50억이 넘는다면 관할세무서가 아니라 지방국세청에서 조사하게 됩니다. 지방청 세무조사 대상이라면 마음의 준비가 필요합니다. 지방청 조사는 일단 조사인원부터 다릅니다. 더 많죠. 지방국세청은 최소한의 실적을 내야 해서 세금추징 목표액을 달성할 때까지 과거 10년간의 모든 거래내역을 샅샅이 조사합니다. 그래서 지방청 세무조사 대상인 경우, 세금추징 목표액 달성을 원활하게 하기 위해 일부러 사전증여재산 일부를 신고하지 않는 전략을 사용하기도 합니다.

상속세의 결정기한은 신고기한으로부터 9개월 이내입니다. 그래서 세무조사도 상속세 신고기한으로부터 9개월 이내로 나오는 편입니다. 상속재산 규모가 일정 금액 이상이면 상속세 조사는 100% 발생하니 금융거래내역 등의 증빙자료를 미리 준비하는 것이 좋습니다.

 연도별 상속세 신고에 따른 상속재산 금액별 조사기준

[표 1] 상속세 신고자료 기준금액별 처리 기준

구분		2018~2019년	2020년	2021년
세무서 신고담당	자료처리	과세미달	① 과세 미달 ② 20억 원 미만 중 일정 조건 충족[2]	① 과세 미달 ② 20억 원 미만 중 일정 조건 충족[4] ③ 15억 원 미만 중 세액 1천만 원 미만
세무서 조사담당	자료처리	15억 원 미만 중 일정 조건 충족[1]	20억 원 미만 중 일정 조건 충족[3]	25억 원 미만 중 일정 조건 충족[5]
	간편조사	15억 원 미만	20억 원 미만	30억 원 미만
	일반조사	15억 원 이상 ~50억 원 미만	20억 원 이상 ~50억 원 미만	30억 원 이상 ~50억 원 미만
지방청	일반조사	50억 원 이상		

주 1 부동산 및 부동산에 관한 권리를 제외한 상속재산가액 1억 원 미만 등
　 2 부동산 및 부동산에 관한 권리를 제외한 상속재산가액 5천만 원 미만 등
　 3 부동산 및 부동산에 관한 권리를 제외한 상속재산가액 3억 원 미만 등
　 4 부동산 및 부동산에 관한 권리, 보험금을 제외한 상속재산가액 1억 원 미만 등
　 5 부동산 및 부동산에 관한 권리, 보험금을 제외한 상속재산가액 3억 원 미만 등

출처: 감사원 세무조사 운영실태 감사보고서

실전 케이스 스터디

상속세

Q 아버지가 예금 10억, 아파트 20억 재산을 남기고 돌아가셨습니다. 상속인은 자녀인 저와 배우자인 어머니 둘뿐입니다. 어떻게 상속받는 것이 상속세 절세에 가장 좋을까요?

A 예금 10억은 어머니인 배우자가 상속받고, 자녀는 아파트를 상속받는 것이 좋습니다. 이렇게 하면 2가지 장점이 있습니다. 첫 번째는 배우자공제가 10억으로 늘어난다는 것입니다. 배우자공제를 확대하기 위해 자녀가 전부 상속받기보다는 배우자와 함께 받는 것이 좋습니다. 두 번째는 배우자가 상속받은 예금으로 상속세를 납부할 수 있다는 것입니다. 증여세는 세금을 대납하면 대납한 세금을 현금 증여한 것으로 보지만, 상속세는 대납에 대해 증여세를 따로 과세하지 않습니다. 상속세는 모든 상속인이 연대해 납부할 의무가 있어서 어느 한 상속인이 다른 상속인을 대신해 상속세를 전부 납부해도 됩니다. 다만 본인이 상속받은 재산을 한도로 대납해야 합니다. 상속재산 30억에 대해 일괄공제 5억+배우자공제 10억을 제외

하면 상속세가 약 4.4억이 나오는데, 이를 어머니가 상속받은 예금으로 전부 납부하면 됩니다. 그렇게 하면 자녀는 상속세 납부 없이 온전히 아파트를 상속받을 수 있습니다. 어머니가 돌아가신 후 남은 예금을 상속받으면 다시 일괄공제 5억이 적용되니 상속세는 거의 나오지 않을 것입니다.

Q | 아버지가 돌아가셔서 시가 10억, 공시가격 5억 상당의 상가를 상속받게 되었습니다. 어머니는 살아계셔서 상속공제가 총 10억까지 적용됩니다. 그러면 상속세가 안 나오는데 꼭 상속세 신고를 해야 하나요?

A | 상속재산이 상속세가 나오지 않는 범위 내라면 신고하지 않아도 불이익은 딱히 없습니다. 하지만 부동산을 상속받는다면 신고하는 것이 유리합니다. 상속세를 신고하지 않는다면 상가의 취득가액은 공시가격 5억이 됩니다. 나중에 상가를 양도할 때 시가 10억에 양도하면 양도세가 많이 나올 겁니다. 하지만 상가 감정평가를 받은 후 시가 10억으로 상속세를 신고하면 상가를 양도할 때 취득가액이 10억이 되므로 양도세를 절세할 수 있습니다. 어차피 상속재산 10억까지는 상속세가 안 나오니까 상가를 시가 10억으로 해서 신고하는 것이 좋겠습니다.

Q │ 시가 10억, 공시가격 5억의 토지를 상속받았습니다. 실제 시가 10억으로 신고하면 상속세가 나오니까 공시가격 5억으로 신고하는 것이 유리한 거죠?

A │ 상속세를 더 내더라도 시가 10억으로 신고하는 것이 유리합니다. 시가 10억으로 신고하면 상속세가 9천만 원 발생하지만, 나중에 10억에 토지를 팔아도 취득가액이 10억이라 양도세가 나오지 않습니다. 하지만 공시가격으로 신고하면 당장은 상속세가 나오지 않겠지만, 나중에 시가 10억에 토지를 양도할 때 양도세가 1.9억이나 나오게 됩니다. 취득가액이 5억이기 때문입니다. 즉 시가 10억으로 미리 신고하면 세금을 1억이나 절세할 수 있습니다. 무조건 상속세를 줄이는 것보다 차후 양도세까지 고려해 결정하는 것이 좋습니다. 상속재산을 감정평가 받은 후 높게 신고하는 것도 고민해 보세요.

Q │ 상속재산은 시가 10억 아파트뿐입니다. 동생이 당장 현금이 필요한 상황이라 상속을 포기할 테니 아파트는 제가 단독으로 상속받고, 대신 현금 5억을 달라고 합니다. 동생에게 현금 5억을 주면 증여세가 발생하지 않을까요?

A │ 피상속인의 부동산을 상속함에 있어서 공동상속인이 상속지분을 포기하는 대가로 다른 상속인에게 현금을 받는 경우, 포기한 상속지분 상당의 부동산은 양도에 해당됩니다. 즉 동생의 상속지분을 형에게 현금 5억에 양도한 것으로 이는 증여가 아닙니다. 아울러 동생이 포기한 상속지분의 취득가액이 양도가액 자체이므로 양도세도 발생하지 않습니다.

Q │ 부모님이 돌아가셔서 상속세 신고를 해야 하는데 제가 모르는 부모님의 재산이나 부채가 있을 것 같습니다. 부모님의 재산 및 부채를 쉽게 확인할 방법이 있을까요?

A │ 피상속인의 재산을 통합적으로 조회하는 '안심상속 원스톱서비스'라는 것이 있습니다. 피상속인의 금융거래, 부동산 등 모든 재산을 통합해 편리하게 한 번에 조회할 수 있습니다. 상속인의 주거지와 가까운 구청이나 주민센터를 방문해 신청해도 되고, 온라인 신청도 할 수 있습니다.

Q │ 상속재산의 규모가 커서 상속세 신고를 맡길 세무대리인을 찾고 있습니다. 한 곳을 알아보니 수수료를 너무 비싸게 부릅니다. 상속세 신고용역 수수료는 평균비용이 어느 정도인가요?

A │ 우선 상속세는 신고 자체가 아니라 세무조사 대응이 더 중요합니다. 그래서 용역의 수행범위는 상속세 신고뿐만 아니라 사후 세무조사 대응까지 포함되어 있습니다. 일반적으로 상속세 용역수수료는 상속재산의 1% 수준입니다. 상속인과 피상속인과의 금융거래내역이 많을수록 당연히 용역수수료가 올라갈 수 있습니다. 상속재산이 적어서 조사대상이 아니라면 신고만 대행하면 되니 비싸지 않을 겁니다. 상속세 용역수수료는 천차만별이므로 합리적인 비용으로 좋은 세무대리인을 찾으려면 많은 발품을 팔아야 합니다.

제공받을 수 있는 정보는?

* 안심상속 원스톱서비스를 통해 제공받을 수 있는 정보는 다음과 같습니다.

구분	제공정보
금융거래	• 피상속인 명의의 모든 금융채권과 채무
연금	• (국민연금) 가입 및 대여금 채무 유무 • (공무원 연금) 가입 및 대여금 채무 유무 • (사립학교 교직원연금) 가입 및 대여금 채무 유무 • (군인연금) 가입 유무 • (건설근로자퇴직연금) 가입 유무
국세	• 국세 체납액 및 납부기한이 남아 있는 미납세금, 국세 환급금
지방세	• 지방세 체납내역 및 납부기한이 남아 있는 미납세금, 지방세 환급금
토지	• 개인별 토지 소유현황
건축물	• 개인별 건축물 소유현황
자동차	• 자동차 소유내역

정부24 안심상속 원스톱서비스(www.gov.kr)

<부동산 절세 성공법칙> 별책부록

증여세·상속세 절세 성공법칙

2022년 11월 9일 초판 1쇄 인쇄
2022년 11월 16일 초판 1쇄 발행

지은이 | 공찬규
펴낸이 | 이종춘
펴낸곳 | (주)첨단

주소 | 서울시 마포구 양화로 127 (서교동) 첨단빌딩 3층
전화 | 02-338-9151
팩스 | 02-338-9155
인터넷 홈페이지 | www.goldenowl.co.kr
출판등록 | 2000년 2월 15일 제2000-000035호

본부장 | 홍종훈
편집 | 문다해
교정 | 주경숙
본문 디자인 | 조수빈
전략마케팅 | 구본철, 차정욱, 오영일, 나진호, 강호묵
제작 | 김유석
경영지원 | 윤정희, 이금선, 최미숙

ISBN 978-89-6030-610-3 13320

• BM 황금부엉이는 (주)첨단의 단행본 출판 브랜드입니다.

• 값은 뒤표지에 있습니다. 잘못된 책은 구입하신 서점에서 바꾸어 드립니다.
• 이 책에 나오는 표현, 수식, 법령, 세법, 행정 절차, 예측 등은 집필 당시의 기준이며 오류가 있을 수 있습니다. 저자와 출판사는 책의 내용에 대한 민/형사상 책임을 지지 않습니다.
• 이 책은 신저작권법에 의거해 한국 내에서 보호를 받는 저작물이므로 무단 전재 및 복제를 금합니다.

황금부엉이에서 출간하고 싶은 원고가 있으신가요? 생각해보신 책의 제목(가제), 내용에 대한 소개, 간단한 자기소개, 연락처를 book@goldenowl.co.kr 메일로 보내주세요. 집필하신 원고가 있다면 원고의 일부 또는 전체를 함께 보내주시면 더욱 좋습니다. 책의 집필이 아닌 기획안을 제안해주셔도 좋습니다. 보내주신 분이 저 자신이라는 마음으로 정성을 다해 검토하겠습니다.